ÉVÉNEMENS
ARRIVÉS
EN FRANCE
DEPUIS LA RESTAURATION DE 1815.

ÉVÉNEMENS

ARRIVÉS

EN FRANCE

DEPUIS LA RESTAURATION DE 1815;

Par HÉLÈNE-MARIE WILLIAMS.

Traduit de l'anglais.

(par M. Moreau, père).

PARIS,

ROSA, LIBRAIRE, GRANDE COUR DU PALAIS-ROYAL.

1819.

LETTRES

SUR

LA FRANCE.

I.

Réflexions générales.

—

MONSIEUR,

JE ne reconnois point du tout pour fondées vos conjectures relativement à mon silence prolongé. L'intérêt que j'ai pris d'abord à la révolution française n'est pas refroidi, et l'enthousiasme que la cause de la liberté m'a inspiré anime toujours mon cœur. Quand cela ne seroit pas, peut-être pourrois-je encore trouver une défense tolérable, au moins pour une femme, dans les souvenirs du passé et dans la récapitulation de la plus petite partie de ce que j'ai vu et de ce que j'ai souffert. Mais quand les sentimens du cœur et les affections de l'esprit ont été puissamment excités par l'attrait de quelque grand objet, nous n'abandonnons pas aisément une prédilection long-temps chérie. Ceux qui, comme moi, ont cru fermement aux premières promesses de la révolution, ont peut-être aussi, comme moi, senti le tourment de l'espoir trahi; mais il n'y a pas de doute qu'ils ne persévèrent, comme moi, dans l'amour de la liberté, « *quand même*, » (en employant ici la fameuse réticence d'un *ultra*, qui s'appliquoit au Roi), et il y aurait quelque sujet de se plaindre.

Toutefois, je suis encore à comprendre ce qu'il peut y avoir de commun entre abhorrer le despotisme militaire, comme s'expriment mes dernières lettres, et renoncer aux principes libéraux. L'étrange aveuglement où l'on est en Angleterre sur notre gouvernement renouvelle souvent une accusation depuis long-temps intentée contre notre pays par les étrangers : c'est de considérer la liberté comme une production indigène réservée pour notre usage à nous seuls, et d'abandonner avec une grande indifférence le gouvernement du reste de l'Europe aux monarques « *qui montent à cheval* » en Français conquérans.

Je n'ai gardé le silence que parce que j'ai été découragée, car l'intervalle a été rempli par une multitude d'événemens. Nous ne sommes pas dans les heureuses générations des siècles, dont il n'y a rien à raconter d'intéressant pour le genre humain, et qui ne laissent rien pour attester leur passage. Ces années, stériles dans l'histoire, où le lecteur tourne rapidement les pages sans trouver des batailles pour réveiller son engourdissement, des catastrophes tragiques pour soutenir son attention, ont peut-être laissé les particuliers dans le calme heureux de la sécurité domestique. A quelle distance d'une telle tranquillité ai-je passé la plus grande partie de ma vie, moi qui ai vu les événemens les plus étonnans dont les siècles ordinaires soient remplis et retentissent dans l'espace de la création ! Moi, dis-je, qui les ai vus accumulés dans le court espace de ma vie ! Ils n'ont pas été présentés à mes yeux en vision comme les descendans de Banquo, mais mêlés dans tout ce qui était autour de moi, enchaînés à tous les objets de mes craintes ou de mes espérances, attachés à toute mon existence, et fixant mes destins sans retour.

Mais je m'empresse de vous donner une idée de notre situation politique dans ce pays, après un léger aperçu des événemens depuis le 8 juillet 1815, où le Monarque français a fait sa seconde entrée dans sa capitale, sous l'ombrage tutélaire du panache blanc, mais, hélas! précédé, dans la matinée même, des drapeaux et de l'aigle de Prusse.

Les acclamations qui accompagnaient le retour de Louis XVIII retentissaient encore, quand on s'aperçut que cette seconde restauration différait à bien des égards de la première. Les mêmes armées étrangères occupaient de nouveau la France; mais leurs dispositions étaient changées. Cette magnanimité, ces généreuses concessions qui avaient obtenu les plus éclatans éloges, ce sentiment d'indignation contre l'oppresseur, qui unissait d'une haine commune contre lui et les vainqueurs et les vaincus, toutes ces émotions réciproques, qui avaient diminué la première fois l'humiliation de la défaite, faisaient place dans ce moment à des sentimens d'une autre nature. La foi des traités venait d'être violée, le sang avait coulé par torrents, la tempête avait été horrible, et on ne voyait pas d'arc-en-ciel qui promît un temps plus serein. Le court passage de Bonaparte avait aussi fourni de nouveaux griefs : il y avait de nouveaux ressentimens, de nouvelles récriminations. Malheureusement pour la France, le parti oligarchique, les éternels et incurables partisans de l'ancien despotisme, au lieu de calmer les agitations de l'esprit public, saisirent les rênes du gouvernement avec toutes leurs habitudes d'arrogance et de priviléges ; ils joignaient le triomphe du présent aux ressentimens du passé : ils crurent que le moment était venu de fouler aux pieds pour jamais les principes d'égalité des droits, d'indépendance, de tolérance, proclamés par la révolution, et enfin tout ce qui avait appartenu à cet ordre de choses. Ce fut en vain que le Roi seul s'opposa à ces mesures. Ses lumières et son jugement sain lui montraient comme blâmable tout ce qui était violent ; et sa modération était si généralement reconnue, que l'expression « plus royaliste que le Roi » passa en proverbe. Mais l'époque du triomphe que Louis XVIII a obtenu depuis sur les partisans du pouvoir absolu, quand il a solennellement abandonné ce système, était encore éloignée. La monarchie constitutionnelle et la charte ne pouvaient pas être obtenues sans d'autres efforts.

Les premières places de l'état étaient alors pour la plupart remplies par des hommes dont les idées étaient restées stationnaires, quand tout hors d'eux avait été en convulsion. Ils se persuadaient que la France, en 1815, était la même France qu'ils avaient vue autrefois : ils n'avaient pas fait connaissance avec la nouvelle génération qu'ils étaient appelés à gouverner ; ils ne voulaient pas croire que vingt-ciuq années dc révolution avaient éclairé le peuple français. Ce peuple était humilié, sans doute, d'avoir porté si long-temps les chaînes de l'esclavage, sans se montrer digne de la liberté ; mais, en ce moment, il sentait tout son prix. Il était fier aussi de ses victoires jusqu'alors sans exemple, et moins abattu par sa défaite, qu'irrité jusqu'à la fureur par la présence des armées victorieuses.

La grande majorité de la nation ne souhaitait sans doute rien tant que la tranquillité; elle avait été successivement fatiguée de Bonaparte, elle avait trop long-temps gémi sous le poids de ses succès militaires : chaque nouvelle victoire avait produit quelque nouvelle misère. Repos, fortune, enfans, les intérêts, les affections de la vie privée, tout, enfin, avait été cruellement sacrifié sur l'autel de son ambition : la servilité même était lasse d'être servile, et le malheureux ne voulait plus souffrir. La nation, dans ces dispositions, chérissait de nouvelles espérances; mais elle sentait encore le poids de ses maux, et la misère est défiante. Le livre de Bonaparte était fermé; mais ce n'était pas pour ouvrir un nouveau registre d'oppression.

Une classe, sur-tout, de la nation, montrait une vigoureuse résistance à toutes les mesures ultra-royalistes, et cette classe se compose de toute la jeunesse de France; parmi les jeunes gens il n'y a point de dissentiment, pas une voix hostile. En France, vous pouvez encore, dans une société, demander quelle est l'opinion politique d'un homme, s'il est avancé en âge; mais si c'est un jeune homme, la question est inutile : c'est un adorateur de la liberté. Les jeunes gens de France n'ont vécu que dans le nouvel ordre de choses, ils n'ont pas été instruits à respecter l'ancien : ils ont été imbus des principes de la révolution, sans avoir senti ses maux. Cette impitoyable tempête a agité leurs berceaux sans les atteindre : ils ne sont pas, comme ceux qui ont traversé toute la révolution, fatigués des combats, et disposés à laisser la réformation du monde aux hommes qu'elle peut intéresser. L'esprit des jeunes Français n'est pas abattu par les souffrances, il est tout plein d'ardeur pour l'indépendance. Ils savent bien que cette liberté est le prix pour lequel les parens de la plupart d'entre eux ont perdu la vie, soit dans les champs de bataille, soit sur l'échafaud; mais ils connaissent trop l'histoire du temps moderne dont leur pays a été le grand théâtre, pour chercher la liberté où elle ne se trouve pas. Ils ne sont pas, comme cette multitude insensée et égarée, qui, dans les premières années de la révolution, venai de secouer ses chaînes, et dans son inexpérience profanait la cause qu'elle révérait. La race présente est plus éclairée, elle ne se prosternera pas devant les fausses idoles, elle se rallie autour de la Charte, qu'elle regarde comme une divinité tutélaire, à laquelle son devoir est d'obéir, et que son privilége est de défendre.

La législature de 1815 fut bientôt assemblée. Dans les départemens on avait usé de toutes sortes d'influence, sans considérer ce qui était ou n'était pas légal, pour ne porter les élections que sur les hommes du parti ultra-royaliste. Par exemple, à Nîmes, nul protestant n'osa paraître au collége électoral ; et ce n'était pas sans de fortes raisons. Treize électeurs protestans, en y allant, avaient été massacrés sur la route.

Ce fut ainsi que la trop fameuse Chambre des députés de 1815 fut formée. On appela ses membres par condescendance les représentans du peuple; mais ils étaient les avocats d'une tout autre cause. Sous leurs auspices une fatale réaction eut lieu en France, et la terreur, sous un nouveau nom, fut encore une fois à l'ordre du jour. Des listes d'exception furent formées. Le Roi voulut en vain lui-même ratifier les mots *oubli et pardon :* ces mots, qu'on ne peut retracer sans émotion, prononcés par Louis XVI, avec la sublime magnanimité de la vertu chrétienne, et en présence de l'échafaud.

Une loi fut portée pour chasser du territoire de France les membres de la Convention qui avaient voté la mort du prince infortuné, et qui, depuis le retour de Bonaparte de l'île d'Elbe, avaient signé ce qu'il appelait l'acte additionnel à sa constitution. Le second crime était considéré comme agravant le premier. Cette loi amena à sa suite une cruelle injustice. On sait qu'une erreur fatale des députés de la Gironde, ces vrais amis de la liberté, fut l'idée que dans le procès de Louis XVI tout ce qu'on pouvait faire était de céder en apparence aux terroristes; et plusieurs votèrent la mort de Louis dans la ferme intention de le sauver, en joignant à leurs votes des clauses additionnelles, comme l'emprisonnement, le bannissement jusqu'à la paix, etc. Sans doute la résistance ouverte et ferme aurait été non-seulement plus noble, mais plus sage, car la plus sûre manière d'en imposer à ceux qui font le mal, seroit de faire le bien ; il est pourtant de fait que les votes qui contenaient ces clauses étaient en faveur du Roi ; et tel fut particulièrement celui de M. Pommier Rabaud, frère de l'illustre et infortuné Rabaud de Saint-Etienne, et depuis plusieurs années l'un de nos ministres protestans à Paris. M. Rabaud avait cru devoir signer l'acte additionnel : il fut envoyé en exil, tandis que plusieurs des terroristes qui avaient voté la mort sans modification ni délai, mais qui n'avaient pas signé l'acte additionnel, eurent la permission de rester. M. Rabaud porte un nom qui n'est jamais prononcé qu'avec respect par les protestans de France. Son exil excita une douleur générale : les hommes pieux avaient perdu un modèle, et les pauvres un ami. Après deux années d'exil, son rappel fut sollicité par un des meilleurs défenseurs du protestantisme et de la liberté en France, M. Boissy d'Anglas. Le Roi l'accorda avec un généreux plaisir. La première fois que notre vénérable pasteur parut à l'église, une grande partie des assistans lui offrit un tribut spontané d'affection et de respect, en se levant à son entrée.

A l'époque désastreuse de 1815, les emprisonnemens arbitraires étaient communs, et l'on trouvait que les cours de justice ordinaires mettaient trop de lenteurs dans leurs décisions. En conséquence, on leur substitua des commissions militaires, dont les pouvoirs devaient durer deux ans. Ces anciens tribunaux, appelés cours prévôtales, étaient composés d'un prévôt militaire et de trois juges. Ils étaient monarchiques dans leurs formes, mais révolutionnaires dans leurs procédés; enveloppés dans la poudreuse obscurité des anciens temps, mais prononçant des arrêts irrévocables avec la rapidité des tribunaux jacobins. Leurs sentences étaient sans appel, et les exécutions avaient lieu dans les vingt-quatre heures.

Tout ce qu'il y avait de pire dans le système d'administration de Bonaparte fut maintenu. Il nommait lui-même tous les magistrats, parce qu'il aimait à retenir l'exercice de tous les pouvoirs, et sur-tout à être lui-même le centre de tout (1). Ce mode de gouvernement en détail était adopté en 1815. Non-seulement

(1) C'est une chose dont il a donné des preuves dans plusieurs édits relatifs à des réglemens de po-

les préfets, mais les sous-préfets, étaient pris dans la noblesse. Les maires même, dans les campagnes, étaient les seigneurs, qui souvent restaient tranquilles dans leurs châteaux, et envoyaient leurs valets-de-chambre gouverner les villages. Les administrations départementales étaient, par conséquent, aussi, dans l'opinion qu'il fallait remettre le peuple dans la même situation où il était avant la révolution. Partout des vexations furent exercées, et partout la plainte fut traitée de sédition.

Cette réaction eut l'effet le plus fatal dans quelques parties de la France. Les esprits échauffés des peuples du midi furent portés à une sorte de frénésie. Le sang français fut encore répandu par des Français. Marseille,

lice intérieure, qu'il a envoyés de Schœnbrun, et une ordonnance relative au Théâtre Français, datée du palais des czars. Sans doute aussi il attachoit une idée d'orgueil à ces dates, et il trouvoit quelque chose d'imposant pour l'imagination dans le pouvoir de donner des ordres de si loin, avec une telle certitude d'être obéi; mais il aimoit à déployer la puissance de dicter des lois depuis les murs du Kremlin jusqu'aux foyers de la rue de Richelieu.

Avignon et Nîmes furent encore les théâtres de nouveaux massacres. Nîmes ! les souvenirs qui se lient aux destinées d'une grande partie des habitans de cette ville malheureuse, nous intéressent trop, comme Protestans, pour que nous ne nous arrêtions pas sur ces événemens, et que nous ne consacrions pas quelques pages à éclaircir l'histoire de cette persécution religieuse.

II.

Persécution des Protestans

—

On a déjà publié plusieurs narrations des événemens qui ont eu lieu à Nîmes en 1815; ainsi je ne me propose pas d'entrer dans ces tristes détails, dont je vous ai déjà donné un rapide aperçu dans leurs temps. Mais comment pourrais-je revenir encore sur cette époque, et passer sous silence cette calamité, cette étrange et inexplicable horreur dont nous n'avions jamais eu la crainte ni même la pensée? Nous croyions que le fanatisme, depuis long-temps banni des parties éclairées de l'Europe, n'avait de refuge que de l'autre côté des Pyrénées, sous les auspices du trône et de l'inquisition; mais qui eût soupçonné que jamais il eût dépassé ces frontières ?

Quand les premières nouvelles de ces désastres parvinrent à Paris, on eut peine à y ajouter foi : on les reçut avec des preuves déplorables de leur certitude, et encore elles paraissaient incroyables. Des assassinats ! et des assassinats répétés, multipliés, commis sur des habitans sans armes et sans défense, d'une cité populeuse, siége des autorités, en présence de la garde nationale! et ces crimes étaient commis sur des Protestans, immédiatement sous les yeux de l'armée des grandes puissances protestantes de l'Europe !

Mais quand la stupeur qui pétrifiait les esprits dans le public fut un peu diminuée, on reconnut que cette œuvre de mort n'était pas un attentat nouveau dans cette malheureuse ville, qu'on pouvait remonter des massacres de 1815 aux massacres de 1790. Les mêmes fanatiques avaient ressaisi les poignards, et la même classe de victimes était tombée sous leurs coups. Mais les assassinats de 1790, que vingt-cinq ans de paix entre les deux communions avaient suivis, étaient presque oubliés ; et les événemens de 1815 ramenèrent l'attention non-seulement sur ceux de 1790, mais encore sur toutes les calamités qui avaient précédé cette dernière catastrophe. Les Protestans rouvrirent les pages de l'Histoire de France, et y relurent une longue série des persécutions et des outrages dont ils avaient été les objets. Suivons-les un moment dans ce coup-d'œil sur le passé.

Ils virent l'effroyable journée de la Saint-Barthélemi célébrée à Rome avec acclamations, et le Pape, non content d'aller lui-même en procession solennelle à la tête de tous ses cardinaux, offrir à l'Eglise des actions de grâce pour ce saint carnage, mais ordonner qu'une médaille fût frappée en commémoration de l'événement, et pour l'instruction des siècles à venir (1).

L'édit de Henri IV, qui tolérait complète-

(1) Qui peut passer devant l'église de Saint-Germain-l'Auxerrois sans frémir, en entendant cette cloche qui sonna le tocsin sur les Protestans? Ce fut le signal du carnage général. On connaît la réponse qu'un magistrat commandant fit à un assassin des Albigeois qui lui demandait à quel signe il reconnaîtrait les Protestans. « Tuez toujours, répondit-il,

ment les Protestans dont il avait abandonné la cause, mais dont il n'a jamais oublié les services, fut suivi d'un intervalle de tranquillité. Le repos ne fut que trop court. Le meilleur des monarques français, le seul, dit Voltaire, qui n'ait point été élevé par les prêtres, et dont le peuple ait toujours gardé le souvenir, tomba sous les coups d'un moine fanatique. Il était possible que quelques principes protestans fussent restés dans son cœur, mais surtout il ne montrait guère l'espoir qu'il s'élevât jamais jusqu'à être persécuteur; et il périt.

Dans les troubles qui suivirent sa mort, les Protestans furent toujours unis au parti de la famille régnante. Sous le règne de Louis XIII, j'allais presque dire sous le règne de Richelieu, ce premier ministre eut trop à faire pour s'oc-

Dieu reconnaîtra les siens.» Ce discours fait un singulier contraste avec celui du gouverneur de Pau, qui avait reçu l'ordre de Charles IX de faire passer au fil de l'épée tous les Protestans. «Sire, dit-il, j'ai transmis vos ordres aux troupes de la garnison, mais je n'y ai trouvé que des soldats fidèles, et pas un assassin.»

cuper beaucoup des dissensions religieuses. Louis XIV a rendu témoignage aux efforts des Protestans dans sa cause : il existe des lettres originales de ce monarque, dans lesquelles il exprime avec la plus grande chaleur sa satisfaction de leur conduite; mais tous leurs services furent oubliés quand Louis XIV, après avoir protégé la représentation du Tartuffe de Molière, fut lui-même un disciple des moines; et, dans les dernières années de son règne, la révocation de l'édit de Nantes couvrit d'un voile encore plus sombre les derniers rayons de sa gloire expirante (1). Les courtisans avaient abusé de leurs priviléges de courtisans, pour induire leur prince en erreur. Ils avaient persuadé à ce monarque devenu faible, que bientôt il n'y aurait plus de Protestans en

(1) Dans ce temps, où l'on fit les plus grands efforts pour convertir les Protestans, on employa toutes sortes d'artifices pour engager dans la foi catholique Mlle de la Force, une petite-fille de ce M. de la Force presque miraculeusement sauvé du massacre de la Saint-Barthélemi. Elle resta fermement attachée à sa croyance et fut enfermée dans un couvent. Elle parvint à s'évader; mais elle fut reprise, et alors, par

France; que tous à Montpellier étaient prosélytes; qu'à Montauban ils s'étaient assemblés dans l'Hôtel-de-Ville, et qu'ils y avaient signé la retractation de leurs erreurs. Précisément dans cet instant, il y avait une foule de Protestans enchaînés aux galères pour expier le crime de leur croyance, et beaucoup de leurs ministres avaient été mis à mort. Ils prirent la fuite et abandonnèrent leur ingrate patrie en si grand nombre, qu'on en fut alarmé : le mal s'accrut ensuite tellement, qu'il donna lieu à une loi; l'émigration fut punie des galères à perpétuité. Il restait encore des multitudes de Protestans qui souffrirent toutes les persécutions possibles : poursuivis dans tout le cours de leur vie, ils l'étaient encore au moment d'expirer. Un Protestant malade était contraint de recevoir un prêtre catholique, qui

ordre du Roi, elle fut transférée au couvent des filles de Sainte-Marie, et détenue plus sévèrement. Cette prison de Mlle de la Force est maintenant une de nos églises protestantes à Paris, et l'office divin y est célébré tous les dimanches. Aujourd'hui le duc de la Force, le représentant de cette famille, est catholique.

lui demandait dans quelle religion il mourait. Quand il déclarait persister dans la foi protestante, s'il avait le malheur de ne pas mourir, il était enchaîné à la rame pour toute sa vie : s'il mourait, son corps était traîné sur la claie, privé de toutes funérailles religieuses, et ses propriétés confisquées.

Quelquefois madame de Maintenon fait de la persécution des Protestans une affaire de finance. Dans une lettre à un de ses parens, elle lui conseille d'acheter une terre en Languedoc, en observant qu'en raison de la fuite des Huguenots « les biens s'y vendront pour rien. » La cruauté de Charles IX tient aux temps gothiques : mais quel étrange mélange de barbarie et de civilisation, de lumières et d'obscurité, dans la persécution qui a souillé le siècle de Louis XIV, digne de celui d'Auguste (1) ! L'éloquence étonnante de Bossuet le condamne à une célébrité éternelle comme *apôtre de la persécution.* Les mots si bien

(1) Voltaire, dans son Histoire du siècle de Louis XIV, ébloui par l'éclat de sa littérature, a peut-être trop exalté le Monarque qui a ravagé le

connus de l'oraison funèbre du Jésuite Letellier, confesseur de madame de Maintenon, sont ineffaçables, quand il dit à Louis XIV, en parlant de la révocation de l'Edit de Nantes : « Tout était calme dans un si grand mouvement. » Tout était calme peut-être au palais de Versailles; mais tout était moins tranquille dans les demeures des malheureux Protestans. Ce fut en vain que le vertueux, le sublime Fléchier éleva la voix contre cette œuvre de désolation. Madame de Maintenon était gouvernée par Letellier; et un jésuite fanatique, le P. Lachaise, était le confesseur de Louis XIV. Le P. Lachaise! oh! que n'a-t-il pu voir dans l'avenir! il aurait aperçu de sa maison, située sur une colline hors des murs de Paris, le terrain montueux de son beau parc, dominant sur toute la capitale, converti aujourd'hui en un cimetière où les Protestans à qui il aurait refusé la sépulture, reposent

Palatinat, disséminé dans toute l'Europe l'industrie de la France, et qui, avec toute la protection qu'il accordait aux lettres, haïssait La Fontaine, a exilé Fénélon, et d'un regard sévère a tué Racine.

maintenant en paix auprès des Catholiques (1).

Louis XV se hâta de confirmer, de sanc-

(1) Ce cimetière n'a pas d'égal dans aucune capitale de l'Europe : placé dans la situation la plus pittoresque, sa vaste étendue et la vue magnifique qu'il domine, son sol montueux couvert de verdure et ombragé par des arbres, et ses beaux mausolées, sont tous objets de curiosité pour les étrangers; ils admirent la pureté du goût qui règne dans ces monumens tous modernes. Dans cet enclos on ne voit pas de sépulcres ruinés, chaque tombe porte une date récente et contient les restes d'un contemporain. Mais tandis que le voyageur indifférent lit en passant l'inscription gravée sur l'urne, et s'éloigne, ceux qui, comme moi, ont long-temps habité Paris, parcourent ces lieux avec des émotions bien différentes. Ces tombes renferment les objets de nos affections les plus tendres et les plus sacrées, ceux avec qui nous avons traversé les orages de la vie, à l'époque où ces orages renversoient tout impitoyablement. Ils renferment ceux que nous avons pressés contre nos cœurs en nous séparant d'eux dans une douleur mortelle; ceux qui ont fixé sur nous leurs derniers regards, dernière communication des mourans, qui subsiste long-temps après que les lèvres n'ont plus le pouvoir d'exprimer. Rien n'est plus touchant que la vue de ce cimetière, *le jour des morts*, ce jour spécialement consacré à la mort, où

tionner, et même d'agraver la persécution des Protestans par l'Edit de 1624; et ils y furent

les Catholiques se hâtent de se rendre en ce lieu : on les y voit en foule, à genoux sur le tombeau de leurs parens; ils prient pour le repos de leurs âmes. Cette tendre dévotion qui adoucit l'amertume des regrets est bien plus désirable que condamnable : des fleurs nouvelles sont les offrandes des Protestans; peut-être choisissent-ils celles qui leur rappellent quelques tendres souvenirs des objets de leur prédilection. Les bosquets sont plantés soigneusement d'arbrisseaux : les restes de ma mère y sont déposés; l'endroit où elle repose est entouré de pins d'Ecosse qui semblent réunir les souvenirs de la patrie avec les douleurs de l'affection. A Paris, nous connaissons tous le lieu de notre sépulture; il y a toujours quelque tombeau auprès duquel nous avons choisi notre dernière demeure. Nous avons tous dit à ceux qui peuvent nous survivre : *O lay me, y e that see the light, near the rock of my rest* *. Quel heureux contraste dans ce triste, mais cher privilége, avec ces temps dont je me souviens encore trop bien, où les morts étaient jetés dans une fosse commune, sans qu'aucune prière fût récitée pour eux, ni aucun souvenir laissé à leur mémoire!

* O vous, qui voyez encore le jour, placez-moi près le rocher de mon repos. OSSIAN.

assujétis jusqu'en 1787, où un Edit plus doux de Louis XVI fit briller à leurs yeux l'aurore de la liberté civile.

Mais, pendant cet intervalle, combien de martyrs la cause du protestantisme n'a-t-elle pas comptés, quand les réunions pour adorer ensemble l'Être-Suprême étaient punies par les galères pour les hommes, la prison perpétuelle pour les femmes, et la mort pour le prédicateur ? M. Boissy-d'Anglas a publié depuis peu un ouvrage, où l'on trouve un récit touchant d'une visite qu'il a faite dans son enfance à la tour de Constance, qui était la prison des femmes protestantes. M. de Boufflers m'a souvent raconté les détails d'une excursion que l'humanité lui fit faire dans le midi de la France, avec le maréchal de Boufflers son oncle, et de leur visite à la tour de Constance, où beaucoup de protestantes étaient détenues. Elles virent, dans un triste silence, entrer le maréchal; mais trouvant dans sa personne et dans son maintien un air de bonté et de compassion, elles se jetèrent à ses pieds, les baignèrent de leurs larmes, et le supplièrent de parler en leur faveur. M. de Boufflers vit alors mademoiselle Durand, qui avait près de cinquante ans, et qui n'avait encore connu du monde que cette prison. Elle avait huit ans quand elle y avait été renfermée avec sa mère, qui avait été prise avec sa fille dans un lieu de culte public. La mère était morte dans les bras de sa fille à la tour de Constance. Mademoiselle Durand fut relâchée dans la suite, et elle vécut quelques années à Paris. M. de Boufflers m'a dit : que lorsqu'il était dans le midi de la France, un jour, en se promenant, il était monté sur une colline qui dominait un lieu désert, où les Protestans se rassemblaient pour leur culte ; il avait son uniforme militaire, et sous cet habit redouté le plus philantrope des hommes fut pris pour un ennemi. L'assemblée se dispersa avec précipitation ; mais M. de Boufflers quitta son habit, courut au bas de la colline, rallia les fugitifs, et se plaçant lui-même auprès du prédicateur Paul Rabaud, il entendit un admirable sermon (1).

(1) M. de Boufflers, que Delille appelle *le modèle des chevaliers, la fleur des troubadours*, est un écrivain élégant, et peut-être est-il encore plus re-

L'édit de Louis XVI a donné aux Protestans le droit de tenir des registres de mariages, et a légitimé leurs enfans; mais il les a laissés, à l'égard des autres droits, bien loin encore des autres citoyens.

Cependant le flot de l'opinion publique portait déjà toute vers la tolérance religieuse. Le caractère doux et humain de Louis XVI s'accordait parfaitement avec les sublimes leçons de Malesherbes; il lui faisait désirer que tout ce qui vivait sous son empire fût heureux. Voltaire, de son côté, avait tourné contre la persécution

marquable par les charmes de sa conversation, qui avait un attrait irrésistible. Il avait beaucoup de la politesse des cours, et encore plus de la simplicité d'un philosophe. La vivacité et l'originalité de son esprit enchantaient tous les autres; mais pour lui, il n'a jamais soupçonné qu'il eût sur eux la moindre supériorité d'intelligence. Je ne l'ai connu que dans un âge avancé; mais il était le plus aimable des vieillards : le temps avait respecté ses facultés et même ses sensations, et il lui avait laissé ce sentiment exquis de notre existence, dont la perte ou la diminution sont la plus triste circonstance de notre dernière époque.

toutes les idées du peuple. La multitude avait adopté les opinions des encyclopédistes : tel qui n'aurait pu raisonner ni sentir, imitait. La tolérance était partout à la mode, et le grand événement de la révolution approchait.

III.

Continuation du même sujet.

L'HEURE de l'émancipation était arrivée : la révolution se fit, et sans doute elle fut saluée par les Protestans comme l'astre du jour quand il se lève; mais personne n'a osé les accuser d'avoir souillé leur triomphe par aucun excès. Quand on leur a rendu leurs droits civiques, et leur part à la protection des lois, leurs assemblées du désert cessèrent. Ils coururent dans les temples qui furent rouverts pour leurs solennités, et le tribut de reconnaissance qu'ils payèrent fut sans bornes.

Il n'y avait rien de plus propre à émouvoir l'âme que le culte public des Protestans, auquel j'assistai souvent dans les premières années de la révolution; le souvenir de leurs périls passés, le sentiment de leur sécurité actuelle étaient une jouissance toute nouvelle qui, purifiée et exaltée par la religion, excitait une émotion presque trop forte. Tous les cœurs battaient, et c'était de reconnaissance; tous les yeux étaient baignés de larmes.

Quand le règne de la terreur commença, les Protestans partagèrent tous les dangers. Les listes de ceux qui ont péri sur les échafauds portent en proportion plus de noms de Protestans que de Catholiques. Les bourreaux ne s'arrêtèrent pas à s'informer de la croyance des victimes (1).

(1) Pendant le temps de la terreur toutes les églises de Paris, à l'exception de celles des Protestans, furent fermées. Les Protestans s'assemblèrent toujours régulièrement dans leurs églises tous les dimanches et les décadis; ils étaient encouragés par l'exemple de notre pasteur, M. Marron, qui, avec l'héroïsme d'une pieuse résignation, célébrait l'office sous le poignard des assassins. C'est un souvenir bien cher pour tous ceux qui survivent, que dans ces jours de profanation et de sacrilége nous ayons dit avec Josué : *Quant à moi et ma famille, nous servirons le Seigneur.*

Mais, dès avant ce temps, des scènes horribles, et de la plus grande importance pour les Protestans, avaient eu lieu dans le midi de la France, grand théâtre du fanatisme. Dans l'année 1790 il y avait eu un massacre des Protestans à Nîmes.

Quelque étrange que cela doive paraître, il n'en est pas moins véritable qu'il ne resta dans l'esprit public aucune impression durable de cet événement, parce qu'il fut absorbé en quelque sorte dans la masse des calamités générales qui bientôt après se répandirent sur la France. Mais il est vrai qu'il n'y a point d'événement qui fasse une impression durable chez un peuple en révolution. La destruction de la monarchie en 1792, la lutte sanglante des républicains et des terroristes en 1793, ne nous semblent pas moins éloignés et perdus dans les temps passés, que la chute de César ou les guerres de Marius et de Scylla. Nous sommes entraînés par la chute d'un torrent dont l'impétueuse vîtesse ne nous permet pas de le remonter. Au milieu de telles circonstances, aucun événement ne fixe l'attention, ni ne se fixe dans la mémoire. La vie révolutionnaire est un hors d'œuvre dans l'existence de l'homme : elle ne ressemble à aucune autre vie, et un de ses mystères est une aversion insurmontable pour tout retour sur le passé.

Ces réflexions s'appliquent particulièrement au temps qui a suivi les assassinats à Nîmes, quand la Convention nationale couvrit d'un voile noir le livre de la constitution, et mit par ses décrets la terreur à l'ordre du jour. Toute la terre a su comment cette horrible menace s'est accomplie. Dans ce pays, toutes les têtes étaient renversées, et tous les esprits accablés à l'aspect d'un danger si étrange et si incalculable. Nous sûmes alors que toute la France n'était qu'un théâtre d'horreurs ; mais nous avions nos propres douleurs, qui ne nous laissaient pas le loisir de porter nos regards hors de nous mêmes. S'il m'est permis de parler un instant de moi, j'étais alors avec ma famille renfermée dans la prison du Luxembourg, où nous trouvâmes nos amis MM. de Sillery et Lasource, dont les procès occupaient le tribunal révolutionnaire. Le matin les gendarmes les y conduisaient, et ils passaient la soirée dans notre appartement. Trois semaines après, ils furent traînés à l'échafaud avec les illustres députés de la Gironde, l'honneur et la gloire de leur ingrate patrie, qui a si chèrement expié leur mort prématurée. Mais laissons la douloureuse histoire de nos amis égorgés, et leurs derniers adieux, à nous qui avons adouci les derniers momens de leur vie au péril de la nôtre, et leurs vœux pour la cause de la liberté, qu'ils allaient sceller de leur sang. Il me faut écarter tous ces douloureux souvenirs, et reprendre le cours de ma narration.

Au milieu des acclamations générales dont la France retentissait, et qui célébraient la révolution, les Catholiques et les Protestans du midi furent pendant long-temps parfaitement d'accord. Souvent ils chantaient en même temps le *Te Deum*, chacun suivant des rites différens, mais tous pour le même objet. C'est de l'époque de l'émigration des prêtres et des nobles que datent en France tous les maux religieux et politiques. « Leur désertion, disait Champfort, va précipiter la nation dans le *sansculotisme.* » La prédiction a été vérifiée.

La race des *ultra*, dont les descendans embarrassent encore les conseils publics, commença ses opérations par envoyer de Turin et de l'Allemagne des agens dans le midi de la France. A leur arrivée dans le département du Gard, les choses prirent subitement un nouvel aspect. Les municipalités, au moyen d'intrigues adroites et multipliées, ne furent bientôt composées que de Catholiques. Ils formèrent aussi exclusivement des compagnies de milice. Il circula des pamphlets incendiaires contre les Protestans : des délibérations en opposition avec les nouveaux principes furent signées par les Catholiques, dans des assemblées nocturnes tenues dans leurs églises : des protestations furent faites contre tout changement dans la hiérarchie ecclésiastique ; on y déclarait qu'aucune adhésion de Louis XVI à de tels changemens ne serait considérée comme valide, attendu qu'il ne jouissait pas d'une liberté complète. Les *ultra* de 1790, comme ceux de 1815, étaient toujours plus royalistes que le Roi.

Les curés distribuèrent ces protestations dans leurs paroisses respectives. Le parti oligarchique procéda bientôt des menaces aux actes de violence. Des hommes apostés aux coins des rues de Nîmes, firent feu sur les Protestans quand ils passaient. Souvent ils étaient assaillis à coups de pierres; quelquefois ils étaient blessés sur les grands chemins à coups de fourches: enfin, on les assassinait dans leurs maisons.

Il n'entre pas dans mon plan de rapporter les détails de ces assassinats, dont ceux qui ont eu lieu en 1815 sont une si fidèle imitation, qu'ils semblent avoir été préparés sur le même modèle. Un seul incident, entr'autres, pourra montrer quel était l'empire du fanatisme à cette époque. Un jeune enfant de quinze ans passait devant un poste militaire: un soldat lui demanda s'il était Catholique ou Protestant? L'enfant répondit qu'il était Protestant. Sur ce mot, le soldat fit feu sur lui et l'étendit mort à ses pieds. « Vous auriez aussi bien fait de tuer un agneau, dit à l'assassin un de ses camarades. » J'ai promis, reprit l'autre, de tuer pour ma part quatre Protestans, et l'enfant comptera toujours pour un. »

La municipalité de Nîmes était alors composée d'hommes du parti oligarchique. Témoins de ces crimes, ils restaient immobiles; ils ne voyaient rien, ils n'entendaient rien, et sur-tout ils ne punissaient rien. Mais tandis que chaque dépêche de cette corporation annonçait à l'Assemblée nationale que la meilleure intelligence régnait entre les bons citoyens de Nîmes, la guerre civile éclata dans toute sa fureur, et une contre-révolution générale menaçait le midi de la France.

C'était alors le tour des Protestans de triompher. Tous ceux des Catholiques qui favorisaient la révolution se joignirent à eux, ainsi que tous ceux qui s'aperçurent enfin que les hostilités commencées par des dissensions religieuses avaient pour but la subversion du nouvel ordre de choses et le rétablissement de l'ancien despotisme.

Le parti oligarchique surprit les citoyens désarmés, il repoussa aussi les premières troupes régulières envoyées contre lui ; et les maisons de ses chefs, qui communiquaient avec les tours de l'église des Dominicains, furent transformées en forteresses, d'où ils dirigèrent sur le peuple un feu meurtrier. Le corps de réserve était posté dans une place vis-à-vis le couvent des Capucins ; et un officier fut tué d'une balle tirée du couvent. Les troupes irritées y coururent, brisèrent les portes, et cinq moines furent massacrés. Dans le même temps une terrible décharge de mousqueterie des tours des Dominicains, où les contre-révolutionnaires s'étaient retranchés et attendaient de nouveaux secours, foudroya les patriotes; mais ils eurent bientôt forcé cette position. En peu de temps ils firent taire le feu des tours. Le couvent seul n'avait point interrompu ses hostilités : des propositions furent faites aux assiégés pour capituler, et un feu très-vif de la maison y répondit. Alors les échelles furent appliquées, et après un assaut sanglant le couvent fut emporté. Les chefs avaient pris la fuite pour la plupart; mais quelques-uns, qui n'avaient pu trouver moyen de se sauver, furent passés au fil de l'épée. Ce fut ainsi qu'une juste victoire fut souillée par un crime. Il est vrai qu'il fut commis dans un moment de fureur, et en représailles. C'était un acte de vengeance pour des forfaits sans exemple. Mais quelle provocation peut pallier un acte de cruauté, ou changer la nature d'un crime?

La guerre civile, dans le midi de la France, fut ainsi terminée. Pendant un long intervalle nous n'avons point entendu parler de dissensions religieuses. La liberté civile et religieuse fut de même foulée aux pieds sous le règne de la terreur. Le Directoire théophilantrope fut tolérant, et, après lui, Bonaparte favorisa les Protestans, parce qu'il haïssait les prêtres. Un calme de vingt-cinq ans avait effacé tout souvenir de la persécution religieuse qui avait désolé les départemens méridionaux de la France, quand elle éclata de nouveau dans toute son horrible fureur.

IV.

Continuation du même sujet.

—

Les Protestans partagèrent sincèrement l'allégresse générale que causait à la France la première entrée de la famille royale en 1814. Il est vrai pourtant que Napoléon les avait tolérés; et même, depuis la date de son concordat avec le Pape, ils avaient toujours été en possession des mêmes droits civils que les Catholiques; enfin, ils avaient été également admis à sa faveur. Mais les Protestans étaient accoutumés depuis si long-temps à jouir de la liberté la plus parfaite dans leur culte, qu'ils la prenaient à peine pour un bienfait. Ils la regardaient comme un don du ciel, commun à tous les hommes, comme la lumière et l'air: c'était, selon eux, le caractère particulier du siècle: on en était moins redevable à la modération du Souverain qu'à la philosophie du temps.

Mais les Protestans du département du Gard ne tardèrent pas à reconnaître que, quel que fût le motif de la protection dont ils avaient joui jusqu'alors, cette protection était un bienfait qu'ils venaient de perdre, et que la persécution n'était pas une calamité passée sans retour, comme ils se l'étaient imaginés. Presque immédiatement après la restauration, Nîmes fut agitée de troubles. Le maire, M. de Castillan, qui était Protestant, fut publiquement insulté au théâtre. Les Protestans furent poursuivis dans les rues par un rassemblement nombreux de la populace catholique. On chanta avec affectation des couplets incendiaires, en patois languedocien, dont le sens était que les Huguenots allaient bientôt être contraints de retourner prier au désert. Des arcs de triomphe en fleurs, élevés en l'honneur du roi par les Protestans, furent abattus par ordre de la municipalité, sous prétexte que les fleurs n'étaient plus fraîches, mais, en réalité, pour qu'ils ne fussent pas brûlés par la populace.

En même temps, les nobles catholiques envoyèrent à Paris une adresse de félicitation, dans laquelle ils avançaient : qu'imposer des conditions au monarque, c'était le dégrader; et que, lui demander le serment de tenir ces conditions, c'était l'obliger d'appeler le ciel à témoin de la capitulation la plus honteuse pour le trône. « Tels sont, disaient-ils, les sentimens des fidèles habitans de Nîmes, fiers des principes qu'ils ont manifestés en 1790. »

Cette adresse, directement opposée à la volonté du monarque solennellement proclamée dans la charte, fit connaître les principaux acteurs et agens de la faction ultra-catholique dans le Midi; et cette faction, qui menaçait en 1814, et qui effectua ses menaces en 1815, se trouva être la même qui avait commis les atrocités de 1790. Le principal agent de la contre-révolution projetée en 1790 reparaît encore ici sur la scène : il avoue sa mission, il se vante d'en avoir atteint le but en 1790, et déploie un brevet de noblesse, dont le parti des ultra l'a honoré comme récompense de son habileté à exciter la guerre civile : il en paraît aussi fier que s'il eût obtenu la croix d'honneur sur le champ de bataille.

Tandis que les hommes de cette faction, dans leur aveuglement incorrigible, sans consulter les intérêts ni du roi ni du peuple, et uniquement guidés par leurs passions, remplissaient de justes alarmes les esprits des Protestans, Bonaparte revenait de l'île d'Elbe, et s'assit une seconde fois sur le trône de France.

Presque aussitôt on vit le duc d'Angoulême à Nîmes : il y déclara son adhésion solennelle à la Charte, par plusieurs proclamations dans lesquelles l'union entre les deux communions était vivement recommandée. La municipalité et les ministres Protestans adressèrent aux habitans de Nîmes des proclamations semblables. Le prince tenait le même langage que le roi; mais le parti des ultra ne voulait rien entendre.

Une armée royaliste fut formée, et les Protestans coururent se ranger sous ses drapeaux; mais les clameurs de la populace catholique les forcèrent de se retirer. Ils firent du moins tout ce qu'ils purent faire; ce fut de former une ample souscription pour les besoins de l'armée.

Le duc d'Angoulême sortit de Nîmes, et joignit les troupes royalistes au Pont de Saint-Esprit, petite ville sur le Rhône, aux confins du département. Un autre corps se dirigea vers Mendes, dans celui de la Lozère, où le gouvernement de l'empereur était déjà reconnu. Ces troupes traversèrent sans aucune opposition toute la partie protestante des Cévennes; mais, ayant appris l'état où se trouvait Mendes, elles crurent prudent de retourner à Nîmes, où elles arrivèrent sans aucun obstacle, après avoir été reçues dans tous les villages protestans avec une cordiale hospitalité.

Le 3 avril, l'aigle impériale fut arborée dans toutes les places. Les soldats de la garnison à Nîmes proclamèrent l'empereur, et le commandant impérial fit marcher des troupes sur le Pont de Saint-Esprit. Il y eut une convention avec le prince; mais l'exécution en fut suspendue jusqu'à ce que Bonaparte l'eût ratifiée. Pendant ce temps, le duc d'Angoulême restait prisonnier; mais on reçut la ratification du traité, et le prince s'embarqua à Cette.

Alors l'armée royaliste se débanda : plusieurs

volontaires, en traversant le pont du Saint-Esprit, furent pillés par les soldats de Bonaparte. Mais les Protestans n'eurent aucune part à ces excès, qui furent réprimés et punis sévèrement, quand le général Gilly, commandant en chef, en eut connaissance. Dans la confusion qu'occasionna le passage du pont, un homme tomba sur la pile d'une arche, et fut blessé : il n'y eut pas d'autre accident, et il fut exagéré jusqu'à être présenté comme un horrible massacre des malheureux royalistes, qui, disait-on, avaient été précipités dans le Rhône par les Protestans, dans le passage du pont Saint-Esprit. Les magistrats ont fait depuis des informations sur les lieux; des dépositions ont été reçues, et la fausseté de l'accusation pleinement reconnue.

Les troupes royalistes, congédiées par les officiers, se dispersèrent; mais elles ne déposèrent pas les armes, comme il avait été stipulé dans la capitulation. Le seul endroit où il y eut eu du sang répandu, fut le village d'Arpaillargues. A l'approche des compagnies royalistes, un catholique, nommé Bertrand, au service d'une famille très-connue pour son zèle ultra-royaliste, arriva au galop dans le village, et répandit une alarme générale chez les paisibles habitans, en disant que les troupes royalistes approchaient, et qu'elles avaient tué sur leur route tout ce qu'elles avaient trouvé de ministres protestans, et commis partout les plus horribles excès. Il n'y avait rien de vrai dans cette information, aucun événement de ce genre n'avait eu lieu; mais les conséquences n'en furent pas moins fatales. Quand les troupes royalistes arrivèrent, elles trouvèrent tous les habitans sous les armes, préparés à se défendre, et ayant le maire à leur tête : les troupes arrivèrent les fusils renversés; mais le maire les somma de les mettre bas avant d'entrer. La demande fut refusée, et plusieurs tentèrent de pénétrer par force dans le village. Les paysans firent feu, deux soldats furent tués, deux autres furent blessés, le reste prit la fuite.

Une profonde obscurité enveloppe une circonstance de ce malheureux événement : c'est le motif qui a déterminé Bertrand, ou ceux qui l'employaient, à répandre une fausse alarme dans ce paisible village. Immédiatement après la restauration, et quand une terrible réaction désolait le midi de la France, les paysans d'Arpaillargues furent mis en jugement pour cette résistance aux troupes du Roi. Cinq hommes et trois femmes, tous Protestans, périrent sur l'échafaud, et l'homme qui avait été l'auteur de tout le mal fut acquitté. Une fille de douze ans fut jugée avec sa mère; la fille, suffoquée par ses larmes, fut long-temps sans pouvoir parler ; et à la fin elle dit à son avocat (1) : « M. Bertrand courait dans toutes les maisons, criant que les royalistes tuaient les petites filles et les ministres protestans; j'ai vu ma mère courir, et je n'ai fait que la suivre. » L'enfant fut acquittée, mais la mère subit la peine de mort.

Pendant les cent jours du second règne

(1) M. Lauze de Perez, avocat au tribunal de Nîmes, qui s'est distingué par le zèle généreux avec lequel il a pris la défense de ces Protestans, et qui a publié un détail volumineux des événemens qui fourniront une ample matière à l'histoire.

M. Martin Rollin, jeune ministre protestant, a eu aussi le courage d'élever la voix en faveur des Protestans, quand toute la France gardait le silence.

de Bonaparte, il ne se commit point de crime autre que celui que je viens de rapporter. Aussitôt que l'événement de la bataille de Waterloo fut connu dans le département du Gard, les royalistes publièrent une proclamation datée du 3 juillet, des quartiers de l'armée, à Beaucaire. Le général Gilly, qui commandait pour l'empereur, rassembla des troupes à Nîmes, et répondit à cette proclamation par une autre, dans laquelle il exhortait les habitans à attendre tranquillement des nouvelles de Paris. Un armistice indéfini fut conclu entre les deux armées. Le 15 juillet on reçut la nouvelle de l'entrée du Roi à Paris. Il fut proclamé le 16, à Nîmes, avec une grande solennité, et le drapeau blanc fut arboré partout.

Peu de jours après ces événemens, la garde nationale de Nîmes fut désarmée par des corps séparés des volontaires de l'armée royaliste, qui entrèrent en tumulte dans la ville sans observer de discipline : les uns étaient armés de pistolets, les autres de mousquets et d'épées; ils s'assemblèrent devant les casernes, où quelques troupes de Bonaparte étaient restées, et tirèrent sur elles. A la fin on convint d'une capitulation, d'après laquelle les soldats de Bonaparte devaient sortir sans armes ; mais ils ne les eurent pas plutôt déposées, qu'ils furent assaillis. La plupart furent massacrés : très-peu échappèrent par la fuite.

Cette nuit le tocsin fut sonné pendant trois heures dans toutes les églises de Nîmes, pour rassembler les paysans catholiques des villages voisins. Une populace furieuse entra dans la ville, força les portes des maisons des Protestans, et les contraignit de livrer leurs armes. Quand ils furent sans moyens de défense, cette œuvre de mort fut consommée par des bandes de fanatiques effrénés. Dans leur avant-garde on distinguait Jacques Dupont, ordinairement appelé, en patois languedocien, *Très-Tallion*, à cause de son appétit vorace. *Très-Tallion* signifie triple portion. Les atrocités commises par ce misérable furent telles, que la bassesse même de sa condition ne les ensevelira pas dans l'oubli : ses crimes appartiennent à l'histoire.

Je ne prétends pas retracer dans leurs détails les horreurs qui ont long-temps désolé Nîmes, et qui ont été publiées dans beaucoup de narrations. Toute l'Europe a connu cette effroyable histoire.

Les autorités de Nîmes, et le préfet à leur tête, restèrent spectateurs immobiles de ces forfaits ; cet administrateur suprême du département était occupé d'autres soins que de mettre ses administrés à l'abri des assassinats. Il composait, dit-on, des poésies pastorales, et dans ce moment même il envoya au Journal de Paris un sonnet sur la violette, où il accusait cette fleur, après sa chute, avec une sévérité impitoyable (1).

Les chefs ultra de l'armée royaliste étaient avec leurs forces à Beaucaire, à quelques lieues de Nîmes, que des scènes si violentes ensanglantaient. Ils savaient bien qu'une partie des habitans de cette ville ne jouissaient pas de la protection des lois et ne trouvaient aucun secours dans les magistrats. Ils savaient tout

(1) Le Roi, beaucoup moins sévère que le Préfet, aussitôt que les violettes parurent au printemps qui suivit leur rébellion, distribua des bouquets de cette fleur insurrectionnelle aux dames de sa Cour, en leur disant qu'il y avait amnistie pour la violette.

ce qui se passait, et ils restaient tranquilles dans leurs cantonnemens sur les bords du Rhône. Quand ils entrèrent à Nîmes, il était trop tard : ils ne pouvaient rien sur le passé, et ils ne contribuèrent en rien à assurer l'avenir.

Au milieu de ces atrocités il y eut à Nîmes un simulacre d'élection pour la représentation nationale. On se souvenait très-bien qu'en 1790, à l'époque des élections pour le département du Gard, il y avait eu, pour exciter la terreur et s'emparer des élections, des assassinats commis par les agens de cette même faction maintenant dominante. Les mêmes manœuvres furent renouvelées, et quelques-uns des mêmes agens employés en 1790 ont reparu sur la scène en 1815; aussi les mêmes conséquences s'en suivirent dans les deux époques semblables. Le parti des ultra n'éprouva pas d'opposition : l'unanimité d'opinion fut obtenue à Nîmes à la pointe du poignard; et, comme je l'ai déjà dit, treize électeurs protestans furent assassinés en se rendant au collége électoral.

V.

Continuation du même sujet.

Les atrocités qui souillèrent cette période ne furent pas bornées à la ville de Nîmes. Les maisons de campagne des Protestans furent pillées dans tout le voisinage, et leurs possessions furent dévastées. A Uzès, ville du Languedoc, habitée généralement par des Protestans, beaucoup de personnes furent massacrées en plein jour devant la maison du sous-préfet : ce froid spectateur du crime ne fut puni par aucune cour de justice, parce qu'il n'y a pas de loi qui punisse la dureté de cœur ; mais l'indignation publique n'a pas perdu sa vengeance : la place où le sous-préfet demeurait a changé de nom, et le passant voit maintenant celui du sous-préfet écrit sur la muraille en gros caractères qui semblent porter une teinte de sang.

Il y eut encore un autre témoin des assassinats à Uzès ; mais ce spectacle excita en lui des émotions bien différentes. C'était un prêtre catholique, l'abbé Payer : (que son nom ne soit pas oublié dans nos prières !) il demandait aux assassins grâce pour leurs victimes, il se jetait à leurs pieds pour implorer leur compassion, et il leur parlait avec toute l'énergie de la vertu ; mais ce fut en vain.

Les Protestans que la mort avait épargnés jusque-là, sentaient augmenter leur terreur en songeant à l'anniversaire de la saint Barthélemi qui approchait. Une alarme générale s'était répandue au village protestant de Ners, où l'on avait fait courir le bruit qu'à ce jour était fixée leur perte à tous.

La nuit précédente de ce jour fatal, quelques compagnies armées arrivèrent à Ners. Les paysans, avertis de leur approche, s'opposèrent à leur entrée, et il s'en suivit un combat où la perte fut égale des deux côtés. Les perfides aggresseurs retournèrent à Nîmes : ils y publièrent que le village de Ners était en plein révolte, et qu'un grand nombre de leurs camarades avaient été tués. On avait envoyé un corps de troupes autrichiennes dans le département du Gard : un détachement d'Autrichiens prit la route de Ners. Les malheureux Protestans, qui tous les jours éprouvaient de nouveaux outrages, crurent que ces troupes étaient de nouveaux ennemis ; un combat s'engagea : il fut sanglant. Un officier autrichien fut tué, et un magistrat protestant périt aussi. Les Protestans se battaient pour défendre leurs maisons, leurs familles, et leur foi que leurs pères avaient défendue au prix de leur sang. Ceux d'entre eux qui furent faits prisonniers furent fusillés à l'instant ; et le lendemain, les villages protestans furent désarmés par ordre du préfet. Il prévoyait que la guerre civile était sur le point de s'étendre jusqu'au centre des Cévennes, ces montagnes où les troupes de Louis XIV avaient été souvent mises en fuite par les paysans armés, à qui le désespoir tenait lieu de vaillance.

Le général autrichien gagna les Cévennes avec ses troupes, et fut reçu dans les villages protestans comme un libérateur. Les Protestans, privés de toute protection de leurs magistrats, accueillirent comme des amis et des alliés les Autrichiens qui envahissaient la France. Ils déposèrent volontiers leurs armes dans leurs mains, persuadés que cette mesure s'étendait également sur leurs ennemis, par qui tout ce département venait d'être ravagé. Le commandant autrichien vit avec surprise les dispositions pacifiques de ce peuple qu'on lui avait représenté comme en pleine révolte. Il dut sans doute éprouver de singulières sensations en se trouvant par sa place protecteur de Français contre les aggressions d'autres Français. Ce général autrichien aurait bien pu justement adresser aux prêtres Catholiques ce que dit Abner dans la tragédie d'Athalie :

Eh quoi ! Mathan, d'un prêtre est-ce là le langage ?
Moi, nourri dans la guerre, aux horreurs du carnage,
Des vengeances des Rois ministre rigoureux,
C'est moi qui prête ici ma voix aux malheureux !
Et vous, qui lui devez des entrailles de père,
Vous, ministre de paix dans les temps de colère,
Couvrant d'un zèle faux votre ressentiment,
Le sang, à votre gré, coule trop lentement !

Le combat de Ners est le seul acte de résistance des Protestans pendant cette persécution.

Ils s'étaient laissé égorger comme des moutons, leur patience ne put résister à l'effroi que leur inspirait la Saint-Barthélemi, et seulement alors fit place au sentiment d'une défense légitime.

Un voile mystérieux couvre encore une partie de ces événemens désastreux. Le gouvernement fit plusieurs fois des efforts pour arrêter cette persécution sanglante des Protestans; mais ses ordres, quand ils atteignaient le midi de la France, perdaient toute leur énergie. Quelque puissance, entourée de ténèbres et de mystère, paralysait chaque effort pour le bien, et semblait se constituer en résistance permanente au retour de l'ordre et de la justice.

A la fin, le général Lagarde fut envoyé par le gouvernement pour commander la force militaire du département du Gard et protéger les Protestans. J'ai décrit déjà, dans une lettre publiée il y a quelque temps, la scène mémorable qui eut lieu à Nîmes, quand l'Eglise protestante, après avoir été long-temps fermée, fut ouverte par ordre du général Lagarde. J'ai dit avec quelle joie cet appel au culte public fut répondu, et qu'un noble sentiment de piété porta les Protestans à courir en foule à leur temple, l'asile de leur douleur. J'ai dit comment les solennités de ce jour furent interrompues par les vociférations d'une populace en fureur, et comment les portes qu'elle assiégeait furent enfoncées par ses coups redoublés.

Le prédicateur (1), qui avait eu le noble et pieux courage de monter en chaire, s'arrêta, et en ce moment tous les assistans se recommandèrent à Dieu. Le général Lagarde, qui avait couru au poste du danger, reçut d'un des assassins une balle qui le frappa près du cœur : il couvrit de son manteau le sang qui ruisselait par sa blessure, et ne cessa de protéger la retraite des Protestans jusqu'à ce qu'ils fussent sortis de l'église. Ce généreux défenseur, ce héros de l'humanité, a langui pendant dix mois sur son lit de douleur, mais enfin il est rétabli.

Le soir de ce même jour toutes les portes des Eglises protestantes de Nîmes furent en-

(1) M. Juillerat, maintenant un de nos ministres protestans à Paris.

foncées; les registres, les livres d'office, les robes des ministres, furent mis en lambeaux et réduits en cendres.

Le duc d'Angoulême, qui était alors à Toulouse, à la nouvelle de cet événement, courut à Nîmes et se hâta de visiter le général Lagarde; mais on lui dit que le général n'était pas en état de soutenir cette entrevue, et on entraîna le prince hors de l'appartement. S. A. R. refusa sévèrement les honneurs qui lui furent offerts par la garde nationale de Nîmes, ainsi qu'une adresse qui lui fut présentée par le corps du clergé catholique et par quelques-unes des premières dames de Nîmes, en faveur des assasins (1), qui furent pourtant arrêtés, mais comme pour la forme; et bientôt après ils furent acquittés.

Cependant la France avançait alors vers ses

(1) C'est un fait très-connu, que *Très-Tallion* a reçu dans sa prison non-seulement avec abondance tout ce qui lui était nécessaire pour subsister, mais encore au moins autant de présens en fruits secs et confits : ils lui étaient envoyés par les nones du Midi, qui versèrent sur lui les mêmes faveurs que celles de la Loire avaient prodiguées à *Vert-Vert*.

destinées. La chute des ultra s'approchait et la monarchie constitutionnelle devait bientôt renverser tous les obstacles.

Le préfet du Gard, ce poète de la violette, reçut sa démission : son départ ne fut pas retardé par des bénédictions. Tout ce qu'on entendit à Nîmes, ce furent les cris de désespoir des veuves et des orphelins des Protestans qui semblaient lui demander ceux qu'ils avaient perdus.

Un nouveau préfet arriva dans le département du Gard. C'était un homme juste, et les Protestans le saluèrent comme un libérateur. Ils avaient si long-temps gémi sous l'oppression, qu'ils ne voyaient pas la justice avec la simple et calme approbation qu'on donne à l'acquit d'un devoir. Elle leur paraissait une vertu héroïque.

Espérons que la persécution de 1815 sera la dernière dont les annales de la France seront souillées. Jusqu'ici l'histoire des Protestans de France, comme les pages prophétiques d'Ezéchiel, n'a été remplie « que de sujets de deuil, de lamentation et de douleur, » il est temps qu'ils aient leur part dans les progrès vers le mieux, qui marquent une nouvelle ère pour l'histoire du genre humain, et que le fanatisme soit pour jamais enterré dans la poussière des siècles passés.

VI.

Chambre des Députés.

—

En 1815, tant que le gouvernement avait adopté un système de grande sévérité contre ceux qui avaient servi Bonaparte dans son second règne, il n'avait pu opposer aucun frein aux excès d'une violente réaction, et ainsi il avait abandonné la France à la vengeance d'un parti trop bien désigné par le nom d'*ultra*-royaliste. Ce parti était revêtu de toute l'autorité dans les départemens, et nous avons vu quelles calamités ont été le résultat de sa domination, que pendant quelque temps le gouvernement, faible et vacillant dans ses mesures, n'eut pas le pouvoir de réprimer; mais enfin il prit une attitude plus ferme et trouva assez de force pour résister à un parti plus fatal à la France que l'envahissement des armées étrangères. La Chambre des députés qui, comme je l'ai déjà fait observer, représentait à cette époque moins la nation française que la faction *ultra*, ayant osé proposer de nouvelles modifications à la Charte, le Roi, qui sait mieux que les *ultra* garder la foi des traités, répondit à cette proposition par le parti qu'il prit de dissoudre la Chambre le 5 septembre 1816.

Mais avant de terminer ce qui tient à la domination des *ultra*, je ne dois pas oublier de dire que tant qu'elle a duré, Nîmes n'était pas le seul théâtre des calamités publiques : seulement cette ville put prétendre à la première place dans les villes malheureuses ; mais Lyon a supporté aussi l'oppression. L'obscurité qui enveloppe les événemens de la réaction qui a succédé aux grands changemens politiques, s'étend aussi sur les insurrections de Lyon. Le parti oligarchique insiste sur l'énormité des excès des insurgés ; mais le reste de la nation croit qu'ils ont été excités et encouragés, pour démontrer que l'ancien despotisme est la seule forme de gouvernement qui convienne au peuple français.

Des gens instruits prétendent que non-seulement les basses classes de Lyon, mais même les paysans des villages voisins, ont été excités à des actes d'insubordination. Quelquefois ils étaient provoqués à prononcer un nom proscrit ; d'autres fois on les engageait à porter un ruban défendu. Ignorans et trahis, ils étaient tout étonnés de se trouver si coupables, que la mort seule pouvait expier leur crime.

Qu'importe qu'au hasard un sang vil soit versé (1).

Les événemens de Lyon ont donné lieu à Paris à un célèbre procès, qui a mis au jour bien des crimes commis dans l'ombre. Peut-être que beaucoup de circonstances ne sont pas encore révélées ; mais l'histoire usera de son privilége de dire la vérité.

Le Roi envoya le maréchal Marmont à Lyon, pour réparer autant qu'il était possible des maux dont S. M. gémissait. Cette mission de bienfaisance fut parfaitement et noblement remplie. Bientôt après l'arrivée du maréchal la tranquillité fut rendue à Lyon.

A Paris, une nouvelle Chambre de députés

(1) Racine.

fut assemblée. Elle comptait dans ses membres quelques hommes d'une habileté remarquable, et elle approchait, plus qu'aucune législature précédente, de l'Assemblée constituante. Mais les Français ont encore bien à apprendre. Et qu'ils se convainquent sur-tout qu'il n'est pas nécessaire au bien de l'Etat que chaque membre sache parler, mais que le devoir de la majorité est de savoir écouter. La représentation nationale fait de rapides progrès en France ; mais elle n'a pas encore atteint la maturité.

Les Français ont passé des vociférations de la Convention et des *bravo* des tribunes, au profond silence du conseil des Cinq-Cents. Bonaparte n'aimait pas la contradiction : et la voie la plus sûre, pour prévenir des observations intempestives, était d'avoir une assemblée de muets. Il y a des voyageurs qui prétendent que, dans les régions glacées des pôles, les paroles qu'on prononce se gèlent dans l'air, et qu'on les entend retentir de tous côtés au dégel. Le despotisme impérial a de même glacé long-temps les paroles de la liberté, et la France accueille avec transports ses accens renouvelés.

La Chambre des députés a dans son sein d'excellens orateurs, et pourtant ses débats ne peuvent pas s'appeler proprement des délibérations. Les députés qui veulent parler sont obligés de s'inscrire sur une liste pour ou contre la question qu'on discute. L'ordre dans lequel ils doivent être entendus, ne peut être interverti. Il faut qu'ils montent à la tribune dans cet ordre où leurs noms sont marqués; et il faut convenir qu'une discussion de cette manière ressemble très-peu à un débat. On entend rarement de ces questions auxquelles un ministre est obligé de répondre dans la Chambre des communes.

Quand l'assemblée, après une délibération générale, examine séparément les articles d'une loi, les observations prennent mieux le caractère de la discussion. Mais les législateurs de France ont à vaincre une difficulté dont peut-être aucun membre de la Chambre des communes ne se tirerait. Il ne leur est pas permis d'articuler un seul mot de leur place. S'ils ont quelque chose à dire, il faut quitter leurs siéges, aller à la tribune, y monter; et quand ils ont atteint la chaire, le trait a peut-être été émoussé en chemin ; le feu est évaporé, les idées dispersées, l'énergie de l'esprit s'est dissoute dans le cérémonial ; et celui qui a vivement demandé la parole ne trouve à la fin plus rien à dire.

Il est probable que la Chambre fera un réglement pour empêcher ses membres de lire leur discours.

Il y a de bons et loyaux députés qui croiraient la patrie en danger, s'ils manquaient de transmettre au public la totalité de leurs opinions législatives. Quand ils montent à la tribune, un manuscrit d'un volume effrayant est dans leurs mains; leur tête se courbe sur leur papier, et ils assurent leurs lunettes sur leur nez, avec le projet très-déterminé de ne pas faire à la Chambre grâce d'une seule page, et cela, quand la discussion est peut-être sur le point d'être fermée, et que peut-être aussi ils ne sont pas de la classe de ces orateurs qui trouvent toujours de nouveaux argumens, quand les anciens sont épuisés. Quelquefois l'assemblée, qui n'en peut plus, crie à l'honorable collègue de passer quelques feuillets de son manuscrit; mais, le lendemain matin, ce même

5

membre est nommé parmi les *orateurs* dans tous les journaux, et on ne dit pas à ses constituans ce que toute l'assemblée a trouvé, qu'il avait tiré pour sa harangue un cruel avantage de l'obligation constitutionnelle où on était de l'écouter. Nous avons aussi des députés métaphysiciens, qui ne peuvent parler sur aucune question sans remonter à l'origine de la société, et à qui on pourrait adresser ces mots de la comédie des Plaideurs : *Avocat, passez au déluge.*

La Chambre des députés est composée des parties les plus opposées pour les opinions : on peut les diviser en quatre classes, sous les dénominations d'*ultra*, de *centre*, de *doctrinaires*, et de *libéraux* ou *indépendans*, qui sont les derniers, mais non les moindres.

Les députés *ultra* se placent du côté droit de la salle : ils s'appellent entre eux le *côté droit*; à l'imitation de leurs prédécesseurs dans l'assemblée constituante, ils déclament continuellement à la tribune contre le peuple qu'ils représentent. Ils ne rêvent qu'insurrections populaires et conspirations, que crimes et dangereux projets de la philosophie. Leur mot d'ordre est le trône et l'autel. Ces partisans des temps passés remontent toujours deux ou trois siècles pour trouver à la France quelque titre de gloire ou de distinction. Ils n'admirent qu'une époque de son gouvernement; c'est le règne du grand monarque, et ils n'ont pas d'idée d'un grand général depuis Turenne et Villars. Ils ont jadis connu la France, mais ils ne connaissent point la nation française. La plupart de ceux de ce parti ont été absens pendant la révolution : ils sont revenus pour se plaindre de leurs souffrances et demander la réparation de leurs pertes; de sorte que leur retour peut s'appeler invasion.

Le Centre est formidable par son nombre, il se compose en grande partie d'hommes sans émotions et sans mouvemens au milieu des délibérations les plus importantes; mais ils font pencher la balance tantôt pour les Grecs et tantôt pour les Troyens. Les hommes de ce parti ont une force d'inertie difficile à vaincre. Il y a peu de chose à dire d'eux, et ils ne disent rien pour eux-mêmes; car il ne faut pas confondre avec ceux du centre la secte des Doctrinaires qui se trouvent quelquefois dans leurs rangs.

Les Doctrinaires sont ceux qui se déclarent partisans des opinions libérales, mais qui croyent que le meilleur moyen d'assurer leur triomphe est de ne pas s'opposer aux ministres quand ils ont raison, et d'appuyer leurs mesures quand elles sont constitutionnelles. Ainsi les membres de cette secte formant une branche de la grande hérésie révolutionnaire, ne sont ni les hommes des ministres, ni les hommes de l'opposition : Ils sont les Doctrinaires. Il est probable que cette dénomination leur a été appliquée à cause de la manière abstraite et métaphysique dans laquelle plusieurs de leurs membres les plus distingués traitent les questions politiques.

Le côté gauche, composé des libéraux ou indépendans, forme l'avant-garde de la liberté française. Les indépendans appartiennent à cette classe d'hommes dont les principes renversèrent l'ancien despotisme, et qui ont fait la révolution. Ils ont quelquefois bien espéré et quelquefois désespéré de la liberté; mais ils ont toujours été attachés à sa cause, pour laquelle ils combattent encore maintenant sous la bannière de la Charte. Le parti des indépendans est le parti nombreux de la nation française. Beaucoup des chefs les plus distingués du côté gauche sont de la dernière élection, et ce parti est considérablement augmenté. Il formait, dans la déplorable Chambre des députés de 1815, une faible minorité, et c'était tout le soutien qui restait à la patrie.

Cependant, dès ce temps, M. Voyer d'Argenson força la Chambre d'entendre ces paroles : « On massacre les Protestans dans le midi. » Il fut rappelé à l'ordre avec de grands cris, mais un tel rappel à l'ordre était une mention honorable qui ne sera jamais oubliée. On a appris dans ce pays à être reconnaissant, surtout pour ceux qui dans le moment du péril montent à la brèche, parce qu'on sait qu'en temps de révolution le crime le plus grand, c'est la faiblesse avec ses fatales complaisances : et nous savons aussi qu'un peuple peut conquérir l'Europe et ne pas avoir de courage moral. Il n'y a que trop d'hommes en France qui, comme on le disait d'un fameux terroriste, *protègent les vainqueurs*.

Tel était l'état désespéré des choses en 1815, et le combat que l'opposition avait à soutenir contre la triomphante majorité était tel, aussi, que quelquefois les ministres eux-mêmes se joignaient au côté gauche, et soutenaient le peuple contre la majorité de ses représentans. Mais c'était un état trop étrange et trop violent pour durer; et le meilleur défenseur de la constitution fut Louis XVIII lui-même, quand la Chambre fut dissoute par lui.

Le côté gauche peut se flatter d'avoir des orateurs très-éloquens, dans lesquels même il y en a qui improvisent des discours admirables. Ce talent d'haranguer une assemblée populaire sans préparation, et d'aborder les difficultés comme elles se présentent dans la discussion politique, est rare en France, mais il fait de jour en jour des progrès sensibles: les Français sont naturellement éloquens. Cependant jusqu'à la révolution ils manquaient d'occasions pour le plus noble usage de l'éloquence, la défense des droits du genre humain; toutefois, même dans l'ancienne monarchie, ils peuvent se flatter d'avoir eu beaucoup d'orateurs illustres dans la chaire et au barreau. Louis XIV, au milieu de sa grandeur et de sa toute-puissance, a quelquefois entendu les vérités les plus hardies de la bouche des immortels prédicateurs de son temps, et quand la vérité sortait de leurs lèvres dans toute sa sévérité, il avait l'esprit assez grand pour ne pas s'en offenser. Ce roi sentait que l'orateur, qui parlait au nom de la divinité, était placé hors de la sphère de son autorité royale. Les sermons de Massillon brûlans de tout le feu et brillans de tous les charmes de son éloquence plus qu'humaine, donnaient des leçons au prince despote. Ces mêmes sermons, en effet, fourniraient un code complet des droits de l'homme et des devoirs des rois. C'est aussi le courage du génie qui a distingué d'une manière particulière les grands écrivains français dans la première moitié du dix-huitième siècle. Mais alors il y avait bien moins de mérite ; alors tout penchait vers un changement rapide, les Français étaient à moitié sortis des ténèbres ; un nouveau trait de lumière éclairait leurs pas, et leurs cœurs battaient du pressentiment de la liberté.

Revenons un moment sur la Chambre des députés. Les grands efforts que la législature a faits pour le maintien de la constitution en présence des armées d'occupation, sont bien honorables pour la France. Et dans la chaîne mystérieuse qui lie tous les événemens successifs, le temps où les armées étrangères ont occupé ce pays n'est peut-être pas perdu pour toute la terre. Les croisades qui ont si longtemps dévasté l'Europe, ont réveillé l'esprit humain de sa longue léthargie, et ont développé ses facultés intellectuelles. Qui peut dire si les armées du Nord n'auront pas puisé en France de nouvelles idées de liberté et d'indépendance pendant le séjour qu'elles y ont fait? Peut-être le soldat voyageur, à son retour, a-t-il traduit dans le langage de sa cabane natale ce qu'il a entendu de la liberté dans nos contrées. Peut-être les germes de cette nouvelle production sont-ils semés dans cette région de l'esclavage, comme les fleurs qui décorent les neiges de ses déserts.

VII.

La Loi des Élections.

—

L'ordonnance du 5 septembre 1816 avait renversé la domination des *ultra;* mais le gouvernement sentit que le seul moyen efficace de calmer l'inquiétude générale qui agitait la France, était de donner à la nation une garantie pour sa sécurité future. Le projet d'une nouvelle loi pour l'élection des députés au Corps législatif fut présenté à la Chambre en 1817. La charte avait reconnu le droit d'élection; mais c'était à la législature à établir le mode dans lequel ce droit serait exercé, et jusques-là les députés de chaque département avaient toujours été convoqués suivant la loi prescrite par Bonaparte. Son mode impérial d'élection servait les intentions du despotisme où il s'était montré créateur si adroit et si artificieux. Espérons que ses dangereuses inventions sont perdues; malheur au monde, si elles ne sont pas plus efficacement détruites que les armes fatales jetées dans la mer par un des héros de l'Arioste, dans le vain espoir de les ensevelir à jamais.

Les assemblées primaires nommaient les électeurs, qu'elles choisissaient dans la classe immédiatement au-dessus d'elles, et ces électeurs nommaient les députés. Ainsi, il y avait deux actes distincts dans l'élection. Par le premier, sous le masque insidieux d'une franchise étendue au peuple, le pouvoir de l'élection des communes tombait dans les mains des classes inférieures, et par conséquent les plus dépendantes, celles sur lesquelles les hommes élevés étaient en possession d'exercer la plus complète influence; mais cela seul n'aurait pas rempli le but. En conséquence, Bonaparte, qui savait bien que les fonctions civiles ne pouvaient jamais être exercées plus favorablement pour lui que sous l'influence militaire, avait ordonné que tous les membres de la légion d'honneur auraient le droit d'être ajoutés au collége électoral, chacun dans son district, (comme ils l'appelaient); ainsi il avait le pouvoir d'ajouter au corps électoral autant de membres qu'il voulait, suivant l'occasion.

Mais la nouvelle loi des élections a restreint le droit de voter dans les personnes qui payent 300 fr. par an de taxe directe. Les élections sont ainsi placées dans les mains de la classe la plus respectable et la plus indépendante des communes. Un autre article de la charte a aussi réglé qu'un cinquième des députés serait renouvelé tous les ans. Le ministère se fit beaucoup d'honneur en emportant, dans une assemblée qui avait encore un grand nombre de membres *ultra*, une loi si favorable à la liberté nationale. En cette circonstance, ce qu'il y eut de plus remarquable dans la discussion, ce fut que le ministère contre tous les usages établis, appuya fortement une des lois les plus populaires, et en même temps qu'il remplissait son devoir d'exécuter implicitement la volonté du Roi, il mérita et obtint les applaudissemens de la nation. L'éloquent discours de M. Cuvier, dans cette occasion, produisit une grande impression : ce grand naturaliste se montra grand homme d'Etat ; et l'homme qui s'était longtemps distingué par ses connaissances profondes dans tout ce qui appartient à l'économie et aux mystères de la nature, fit voir qu'il n'était pas moins capable d'apprécier et d'assurer les droits de l'humanité. Dans le même temps, les élections, et particulièrement la dernière, ont déployé le noble spectacle d'un peuple exerçant avec calme et dignité ses priviléges, nouveaux pour lui. Les électeurs, fatigués des changemens, instruits par l'expérience dans la science de la modération, mais déterminés à assurer avec fermeté des droits achetés si chèrement, se conduisirent de la manière la plus honorable, et les élections furent partout ce que les *ultra* appellent démocratiques, et ce que la nation toute entière appelle constitutionnelles. Les formes d'élection observées en France sont totalement différentes de celles de l'Angleterre. Dans ce pays, le peuple, dans la première effervescence de l'exercice de ses droits populaires, est exposé au tumulte, tant qu'on le croit nécessaire. La nation sait comment arrêter ce torrent dans son cours. Elle est sûre d'être entendue quand elle dit :

« Vous irez jusque-là, et non plus loin ; » au lieu que les *Hustings* (1) de Westminster seraient du plus grand danger à Paris.

Je respecte ces exercices gymnastiques en Angleterre, parce que j'ai été nourrie dans l'idée que tout ce que mes concitoyens font pour la liberté est bien ; mais je suis persuadé qu'en France le gouvernement représentatif n'est pas assez robuste pour soutenir des coups si forts.

Il n'y a que les électeurs qui puissent entrer dans les salles des colléges électoraux. Les président et vice-président de chaque collége sont nommés par le gouvernement, et ces nominations sont considérées comme une sorte d'insinuation qu'il lui serait agréable que les électeurs fixassent sur eux leur choix. Mais cet avis, qui n'est donné qu'indirectement, n'est suivi que quand il s'accorde avec les vrais intérêts du pays. Par exemple, M. de Saint-Aulaire et M. Chabot de la Tour furent envoyés pour présider le collége électoral du Gard. Ils furent tous deux nommés

(1) Assemblées populaires.

députés ; depuis, M. de Saint-Aulaire a noblement défendu la cause des Protestans, et M. Chabot de la Tour est Protestant lui-même. Dans le département de la Sarthe, au contraire, l'influence du président du collége électoral n'a pu résister à la force de l'opinion publique. Un député nommé ayant donné sa démission, le président, sans s'embarrasser de la Charte, suspendit l'élection jusqu'au retour d'un courrier qu'il avait dépêché à Paris. Les électeurs ne se séparèrent pas comme on s'y était attendu : ils se tinrent dans la ville ; et au moment où le courrier arriva de Paris, avec l'ordre de continuer l'élection, le général Lafayette fut nommé. Les *ultrà* craignaient cette nomination. Ils savaient trop bien que ce nom avait par lui-même beaucoup de poids dans les rangs de l'opposition. Bien d'autres ont aimé la liberté ; mais combien se sont égarés dans leur passion ! combien d'entre eux donneraient tout ce qu'ils possèdent pour effacer un petit paragraphe du Moniteur, cet inflexible mémorial ! Mais le général Lafayette est un de ceux (et il y en a bien peu) qui dans la traversée de la révolution n'ont rien à désirer de l'oubli. Partout où nous ouvrons le livre de sa vie politique, nous le trouvons toujours le même. Toujours inaltérable, il est tel dans ce moment que dans le passé. Ciel! sauvez mon pays! sera son dernier vœu.

Les discussions ne sont point permises dans les assemblées d'un collége électoral sur le mérite des différens candidats; et cela a été réglé, par la crainte que les colléges ne dégénérassent en clubs, et que chez un peuple si avide de parler, un orateur qui aurait une fois obtenu la parole ne voulût plus jamais fermer la bouche. Cependant le peuple sent bien le prix de son droit d'élection. Il sait surtout à quel prix il l'a obtenu. Chacun n'ignore pas qu'il lui en a coûté trente années de révolution, sa tranquillité, sa fortune, ses enfans : et nous aurons bientôt occasion de nous apercevoir qu'il le regarde comme une arche sacrée, où nul impie ne peut impunément porter la main. Pendant la dernière élection à Paris, un de mes amis passait devant un groupe d'hommes qui parlaient de politique, quand un d'eux, sortant du groupe, indiqua du doigt une affiche où étaient les noms des électeurs; et il s'écria : Voilà la révolution!

Un collége électoral a une garde d'honneur à la porte de la salle où il est assemblé. Les Français sentent que les Anglais ont parfaitement raison de renvoyer les militaires à certaine distance du lieu d'une élection ; ils savent que l'indépendance du corps qui exerce ses droits électoraux aussi bien que dans toute autre fonction civile, serait détruite par la présence de baïonnettes destinées à en imposer. A leur aspect, la liberté fuit du sol français, comme les divinités de Troyes abandonnèrent la cité sacrée quand elle fut remplie de soldats grecs. Mais les Français sont si accoutumés à considérer ce qu'ils appellent une garde d'honneur comme une marque de respect, et qui ne signifie rien de plus, qu'il leur paraît qu'on doit montrer la même déférence pour un corps électoral que pour un personnage de distinction.

Il faut aussi observer que, dans cette occasion, c'est la garde nationale qui est de service, et que, quoique armée de fusils, elle n'est pas composée de soldats, mais de citoyens armés qui font partie du peuple souverain. Les Français ont encore beaucoup à améliorer et à corriger, non-seulement dans leurs institutions, mais même dans leurs habitudes, avant que d'avoir atteint à la dignité des hommes libres. Ils sont trop accoutumés à être gardés, et à l'être trop bien. De quelque côté qu'ils se tournent, ils trouvent de la garde sur leurs pas. Elle les surveille au bout de chaque avenue, aux portes du muséum, dans la salle de l'institut, à l'entrée des théâtres, et même aux portes des bals particuliers. Il faut pourtant ajouter que le peuple commence à voir ces gardes de mauvais œil : mais le seul uniforme qui lui est odieux, c'est celui des Suisses. Espérons que cette aversion pour un uniforme militaire amenera la haine de toute influence militaire en général. Les Français ne doivent jamais oublier que, pendant qu'ils étaient les maîtres du monde, ils étaient les esclaves d'un soldat, comme un poète a dit de Rome :

La maîtresse du monde, esclave aux bords du Tibre.

VIII.

La Liberté de la Presse.

La Charte constitutionnelle a garanti la liberté de la presse, et elle a pourvu à ce qu'une loi fût portée pour la répression de ses abus; mais c'était un sujet très-difficile à terminer. Comment la loi devait-elle être conçue pour réprimer la licence de la presse, sans trop restreindre sa liberté? A la vérité, une loi avait été présentée à la Chambre des députés en 1815, elle y avait même été adoptée; mais elle n'était proposée que comme un expédient temporaire, en attendant une loi fondamentale et constitutionnelle. Entre autres articles arbitraires, en accord avec l'esprit qui dominait en 1815, il y en avait un particulier, qui ordonnait de mettre en jugement tout écrivain coupable de provocation indirecte contre le gouvernement. Mais, qu'est-ce qu'une provocation indirecte? il n'y avait rien (et tout le monde le sentait) qui ne pût être condamnable, comme provocation indirecte, par de subtiles légistes, accoutumés par métier à tordre les mots et à y trouver tous les sens qu'ils veulent. Un conseiller de l'ancien parlement de Paris a dit : « Donnez-moi quatre lignes de l'écriture d'un homme, j'y trouverai de quoi le faire pendre. »

Avec cette effrayante latitude d'interprétation, et la bonne volonté de punir, qui régnait alors, tout ce qui n'était pas provocation directe était au moins très-sûrement provocation indirecte; et dans cet état de choses si fort en opposition à la liberté et à la Charte, la Chambre de 1815 était pleinement reconnaissable. Une autre disposition de cette loi excitait encore un cri général, c'était celle qui attribuait au tribunal de police correctionnelle la connaissance des délits de la presse.

La juridiction de ce tribunal est bornée aux délits de la plus petite importance, comme les querelles de cabaret, les batteries, les petites fraudes, les petits larcins : il ne peut infliger des peines infamantes ni dégradantes; il est essentiellement une cour inférieure composée de juges subalternes, sur-tout on ne le croyait à aucun égard fait pour traiter des questions de l'ordre de celles que font naître les libelles, quand ils entraînent des discussions, sinon de goût, au moins de la plus fine critique, telles que la véritable valeur de mots ambigus, l'intention de certaines insinuations, l'interprétation des allusions, l'effet probable d'une opinion abstraite sur l'esprit public. On trouvait que tous ces objets étaient loin d'être analogues, et même étaient en contraste avec ceux affectés à des juges qui, peut-être une heure auparavant, avaient dû s'occuper des scandaleux détails des désordres nocturnes, ou des circonstances d'une fraude, ou d'une filouterie, et qu'on appelait en cet instant à décider sur les plus importans principes de la liberté ou du gouvernement, impliqués dans une procédure pour libelle.

En 1817, les ministres présentèrent une nouvelle loi répressive des abus de la presse: elle était à beaucoup d'égards meilleure que la précédente; mais elle était encore loin de satisfaire les amis de la constitution. Cette loi conservait une des grandes imperfections de celle de 1815, c'était l'obligation imposée à un auteur, avant de publier un ouvrage, de faire à la police la déclaration de son intention, et de donner quelques exemplaires du livre; mais ce n'était pas tout, si la police jugeait l'ouvrage répréhensible, il était en même temps saisi, le malheureux auteur était mis en jugement, et souvent condamné à l'amende et à l'emprisonnement, pour une production qui n'était pas sortie des bureaux de la police, et qui par conséquent n'avait pu produire de mauvaise impression sur le public. Cette nouvelle loi, comme toutes les précédentes sur le même sujet, pouvait être intitulée loi de l'esclavage de la presse, plutôt que loi de la liberté. Elle donna lieu à bien des opinions discordantes dans la Chambre des députés. Elle fut envoyée à la Chambre des pairs, tellement changée et mutilée par ce qu'on appelait des amendemens, que son exécution devenait presque impossible; elle fut rejetée à une grande majorité dans la Chambre des pairs. Le public applaudit à cette décision : car il valait mieux encore souffrir un peu plus long-temps des dispositions arbitraires d'une loi temporaire, que d'adopter une loi fondamentale sur la liberté de la presse, qui ne contenait pas un seul article favorable à cette liberté.

Je ne puis abandonner ce sujet, ni les débats dans la Chambre des députés sur la liberté de la presse, sans observer que leur issue, tout en montrant que le parti libéral n'était pas encore le plus fort dans la Chambre, donna aussi à la France l'espoir des plus grandes choses, par le courage et l'éloquence qui furent déployés pour la défense de cette grande question. Le discours de M. Camille-Jordan, qui n'était pas une harangue préparée, mais l'effusion du moment, produisit le plus puissant effet. Le public qui remplissait les tribunes l'entendit, aussi bien que les membres de la Chambre, avec une émotion extraordinaire; on se sentait comme retenu dans les chaînes d'or que les anciens poëtes ont données pour attribut à l'éloquence.

Quelques conseillers-d'Etat, par conséquent membres du gouvernement, ont aussi combattu cette loi, quoiqu'elle fût présentée par le gouvernement. Ils ont ainsi sacrifié honorablement des considérations d'intérêt personnel, et l'*esprit de corps*, sur l'autel de la patrie et aux principes libéraux. Le public, cependant, tout en respectant la conduite de beaucoup des individus qui composent le conseil-d'État, demande quelquefois pourquoi ce conseil existe encore, puisqu'il n'a aucun caractère constitutionnel, puisque la Charte n'en fait pas mention, et qu'enfin il ne figure que dans le budget? On demande de plus pourquoi il forme une espèce de tribunal où des juges temporaires décident des questions de la plus haute importance, et auxquelles sont attachés les intérêts et la fortune des citoyens? Ces questions sont restées jusqu'ici sans réponse; mais elles sont renouvelées souvent, la Charte étant pour les véritables constitutionnels ce qu'est l'Église pour les vrais Catholiques : *hors de la Charte point de salut*.

La Charte a bien fixé les grands points de la législation ; mais elle n'a pu entrer dans tous les détails qui ont été laissés à régler par la suite. Beaucoup d'abus qui existaient dans le système du gouvernement impérial n'ont pas encore cessé. Il semble que ce soit une partie d'un legs de Bonaparte à la nation française. Dans notre Code actuel des lois nous retrouvons quelques traits de son pinceau; quelqu'un a dit de mademoiselle de Scudery, *on voit que l'amour a passé par-là;* nous pouvons de même retrouver dans quelques vestiges d'injustice, dans quelques restes d'oppression, que *Bonaparte a passé par-là.* Le soldat peut adorer son étendart, l'amateur des arts admirer ses monumens publics; mais l'ami de l'humanité jetera un voile sur ses victoires; et celui de la liberté voudrait pouvoir purifier le marbre que ses pas ont souillé.

Le gouvernement, à la fin, a préparé à la Chambre de nouvelles lois pour les publications en général. La première détermine les peines qui peuvent être encourues; la seconde règle les formes à observer dans les procédures, et la troisième ce qui a rapport aux ouvrages périodiques: elles viennent d'être adoptées après une longue discussion. Il faut convenir qu'on y trouve un singulier amalgame de dispositions favorables, tantôt à la liberté publique, et tantôt au pouvoir arbitraire. L'introduction du jury dans les procès, la faculté de prouver par témoins la vérité des imputations faites aux fonctionnaires publics, sont sans doute des améliorations importantes ; mais, d'un autre côté, les peines infligées pour les délits sont bien écrasantes, et les formes des procédures sont également sévères. L'affranchissement de toute censure pour les journaux quotidiens et les ouvrages périodiques est aussi établi ; mais il faut que les propriétaires d'un journal déposent préalablement plus de cent mille francs entre les mains du gouvernement pour garantie de leurs publications. Certainement la liberté ne peut s'acheter trop cher : les gouvernemens ont souvent tenté de l'anéantir ; mais c'est la première fois qu'ils la mettent en vente.

L'abolition de la censure pour les journaux quotidiens a causé une satisfaction générale. Maintenant que les fonctions de censeurs ont cessé, l'exercice de la pensée n'est plus restreint, il n'est plus qu'assujéti à une taxe; les journaux vont prendre désormais (du moins il y a lieu de l'espérer) un nouveau caractère : ils ne chanteront plus en chœur des éloges commandés, et on n'y trouvera plus une fatigante monotonie d'opinions. Ils étaient, en vérité, devenus si passifs et si peu intéressans, qu'on était tenté de croire qu'ils avaient reçu, relativement à la liberté, le même ordre que le grand Frédéric avait donné relativement au Paradis. Un soldat s'étant donné la mort en sortant d'un beau sermon sur ce sujet, Frédéric rendit une ordonnance qui défendait de parler désormais du Paradis *ni en bien ni en mal.*

IX.

Concordat.

—

Les codes Napoléon n'ont pas été abolis à la restauration, et ils forment encore la loi existante du pays. Dans le code civil il y avait beaucoup de bon mêlé à beaucoup de défauts; mais le code pénal est trop sévère, surtout dans ce qui regarde les délits contre le gouvernement. Quelques-unes de ces lois, où respire l'esprit arbitraire du législateur, et qu'il aurait été bien d'abandonner, ont été soigneusement conservées; tandis que le Concordat, qu'on aurait peut-être bien fait de conserver, a été entièrement rejeté. Ce Concordat conciliait assez bien le spirituel et le temporel, et il aurait été prudent de ne vouloir pas améliorer ce qui était déjà une amélioration. Mais les *ultra*, ecclésiastiques et laïcs, ont insisté sur ce que le Roi très-chrétien, le fils aîné de l'Eglise, était obligé de purifier son gouvernement légitime des souillures d'un concordat né avec la tache du péché originel de l'usurpation. Ils s'aveuglaient sur le danger d'être peut-être obligés d'abandonner leur projet, si le nouveau concordat était désapprouvé de la nation. *Aller en avant* était bien le grand principe du gouvernement de Napoléon en législation comme en guerre; mais quand il allait ainsi il était armé du pouvoir d'un despote, il n'était pas retenu par une Charte; quelque chose qu'il fît, la raison était dans sa volonté: il avait appris au Pape comme au reste du monde à se soumettre. Il l'avait fait venir à Paris, exprès pour qu'il bénît (1) la couronne impériale sur sa tête. Il avait depuis fait de Rome un département de la France. Il avait retenu Sa Sainteté prisonnière

(1) Il y a dans l'original, pour placer la couronne impériale sur sa tête; mais Mme Williams a été mal informée ou s'est mal exprimée. Tout le monde sait que Bonaparte prit lui-même la couronne et se la posa sur la tête. (*Note du traducteur.*)

à Fontainebleau, après lui avoir fait traverser la France avec une escorte de gendarmerie (1).

Quand la mesure d'un nouveau concordat fut décidée, il devint nécessaire de nommer un négociateur, et le choix tomba sur M. de Blacas. Il était ministre de la maison du Roi en 1814 : dans ce temps il avait traité de folie et d'imagination tout ce qui se passait entre Paris et l'île d'Elbe, et il avait refusé de croire à l'invasion de Bonaparte, jusqu'à ce que le drapeau tricolore flottât à Lyon. Il paraît que M. de Blacas n'a pas mieux jugé l'opinion du peuple français relativement à un nouveau Concordat. Etranger à la France, à ses intérêts et à ses sentimens présens, il était naturel qu'il fît des méprises. La nation désapprouve bien quelque chose dans le Concordat de Bo-

(1) Bonaparte a fait souffrir mille outrages au Saint-Père, jusqu'à le traîner par ses cheveux blancs, si l'on en croit M. de Chateaubriant qui lui fait ce reproche; mais M. de Pradt le justifie à cet égard, et déclare savoir parfaitement que cette circonstance n'a jamais eu lieu, et que d'ailleurs les cheveux du Pape étaient complètement noirs.

naparte ; mais elle a tout lieu d'appréhender que le Concordat de M. de Blacas ne soit beaucoup pire. Cependant M. de Blacas, déterminé à faire à la France un présent, qu'elle désire si peu, a signé avec le cardinal Gonsalvi un Concordat et l'a envoyé à Paris.

Mais ce n'était pas tout, la promulgation était la partie la plus difficile et la plus délicate de cette transaction ; elle restait encore à faire. Le Concordat reposa long-temps après son arrivée dans le portefeuille du ministre. Ceux qui avaient fait cette opération étaient en quelque sorte épouvantés du pas qu'ils venaient de faire : ils redoutaient le jugement qu'en allaient porter les Parisiens, les hauts cris des gens graves, les railleries des plaisans. On en fit connaître des parties détachées : des copies circulèrent en manuscrits, mais il fut défendu aux journalistes d'en rendre compte. Ces copies furent colportées, et passèrent de mains en mains, comme des chansons nouvelles. On les mit en vers, puis en musique. Enfin, on rendit public ce malheureux Concordat, mais non par les journaux français. La première fois qu'il parut, ce fut dans un journal anglais qui s'imprime à Paris. On jugea qu'en anglais il aurait un air plus modeste, et dans ce temps il n'était pas sans exemple de recevoir à Paris des nouvelles de France par les journaux anglais. Quand, avec ces précautions, le concordat fut connu du peuple, un ministre eut enfin le courage de le présenter hardiment et de le lire à haute voie dans la Chambre des députés. Alors le sort en était jeté, et jamais, depuis l'origine de la diplomatie, un pauvre traité n'avait excité tant de rire et n'avait été couvert de tant de ridicule. Il fallait en effet que le ministre fût un peu hardi pour présenter le Concordat de François Ier et de Léon X à la nation française, au 19e siècle, à une nation de révolutionnaires, qui ne pouvait sans horreur soutenir l'idée de reculer d'un jour au-delà de 1789, et qui se croyait séparée par une éternelle barrière, même des derniers temps de l'ancienne monarchie. Il y avait aussi quelque chose de hardi à franchir en un moment l'espace qui sépare François Ier de Louis XVIII. On se souvenait encore que dans le 16e siècle le Concordat avait occasionné une commotion générale dans l'Etat, et était considéré comme contraire à la fois aux droits civils et religieux du royaume.

Le clergé de France reconnaissait le Pape pour son souverain spirituel, mais il s'était constamment opposé à son autorité temporelle. Ces disputes avaient été soutenues avec animosité en France, dès le moment où les Papes commencèrent à ne considérer les prêtres que comme les instrumens de leur puissance. Il y a généralement un esprit d'indépendance dans toutes les grandes corporations. Le parlement de Paris a été contraint d'enregistrer le Concordat ; mais ce n'a été qu'après avoir essayé de tous ses moyens de résistance, et même de tous les artifices qui pouvaient amener des délais : enfin, qu'après avoir envoyé ses remontrances par deux conseillers, que le Roi fit mettre en prison.

Maintenant on prétendait qu'en adoptant ce gothique Concordat les mêmes principes s'en suivaient naturellement, à savoir : la vente des indulgences, le paiement des *annates*, etc. Ainsi, c'était un traité qui avait rencontré de la résistance dans l'esprit public en 1521, qu'on offrait sérieusement à la nation française en

1817. Peut-être était-ce la plus imprudente inconséquence du gouvernement français depuis la restauration. Par le Concordat, le Pape divisait la France en diocèses, lui donnait plus de quarante évêques et neuf archevêques, dotés d'un revenu considérable. Mais c'était la première fois que la Chambre des députés tenait la bourse. L'Eglise catholique apostolique était déclarée « la religion de l'Etat. » Mais cette religion de l'Etat serait-elle intolérante? Certainement non, si la Charte était observée. La phrase était probablement sans mauvaise intention, mais elle était obscure; et les obscurités de la cour de Rome peuvent couvrir des choses où il y a plus de sous-entendu que d'entendu. Les nations sont fatiguées de ces subtilités ultramontaines, ces oracles douteux, dont le sens ambigu s'accommode toujours à tous les événemens. Bonaparte avait dit avec précision dans son concordat: que la religion catholique-apostolique-romaine était professée par la grande majorité des citoyens français. Le gouvernement constitutionnel du Roi n'a pas à craindre en général de comparaison avec celui de Bonaparte. Mais ce dernier est plus clair dans ce point seul; ce qui est de la plus haute importance quand il s'agit de liberté religieuse. Dans le préambule du nouveau Concordat il est dit que le gouvernement français s'occupera, de concert avec le Saint-Siége, d'écarter tout obstacle à l'exécution des lois de l'Eglise. On demandait avec inquiétude quelles étaient ces lois? en quoi elles consistaient? Etait-ce dans l'évangile ou dans les dogmes de l'église catholique, qu'il fallait chercher ces lois religieuses? Etait-ce un Fléchier ou un Letellier qui devait nous apprendre à les appliquer? Cet article pouvait signifier tout ce qu'on voudrait; liberté religieuse ou *dragonades*. On sait que le Pape s'arroge un droit qu'aucun autre prince ne prétend : celui de faire des protestations secrètes contre des articles publics. Si un Pape était obligé de laisser dans un traité le mot tolérance, il pourrait, après cela, assembler son consistoire secret, et déclarer que par le mot tolérance il entend *intolérance*. Est-il rien que la cour de Rome ne puisse découvrir dans un Concordat, après avoir perverti le sens du texte de l'Evangile jusqu'à en faire la devise de l'inquisition?

Un membre de l'église gallicane, un des premiers prédicateurs de la capitale, a risqué de publier un livre en faveur du Concordat et des prétentions du Pape. Cet ouvrage est si contraire à l'esprit qui a toujours animé le clergé de France, que quelques personnes ont cru y voir percer le désir pour l'auteur d'obtenir une place dans le sacré collége, et de devenir par-là un des héritiers présomptifs de la tiare. Cet ecclésiastique a fait pendant quelque temps, à Paris, des conférences religieuses, qui ont été très-suivies. Il y discutait les principes fondamentaux de la religion chrétienne; il évitait soigneusement la controverse. Il a trop de bon sens pour imiter un certain missionnaire qui, dans une église de Paris, sommait Calvin de répondre; mais Calvin n'ayant pas répondu, il poursuivit ainsi: « Puisque Calvin n'a rien à dire, passons à un autre. » M. l'abbé *Frayssinous*, en ouvrant ses conférences, il y a deux ans, s'étendait avec beaucoup d'éloquence sur une pensée qui, depuis long-temps, était dans tous les esprits en France: *Marchons avec le siècle.* Comme l'abbé n'avait pas défini ses termes avec précision, l'auditoire était loin de soupçonner que le siècle avec lequel il était question de marcher, était celui de François Ier.

Il reste à dire ce que devint le concordat de 1817. Quand il fut présenté par les ministres à la Chambre des députés, ces Messieurs entendirent, sans pâlir, la menace d'excommunication qui leur était faite. Le mot d'excommunication, à la vérité, ne conserve plus qu'un respect de tradition, même chez les Catholiques : et le Pape fit une grande imprudence en excommuniant Bonaparte, qui continua toujours d'entendre tranquillement la messe tous les dimanches, entouré de cardinaux.

L'opinion publique était si unanime contre le Concordat, et le cri était si général dans toute la France, que jamais la discussion n'en a eu lieu: il est resté enseveli dans un des bureaux, où il repose encore. Les évêques et archevêques qui furent tous nommés aux siéges désignés, se reposent aussi, mais moins tranquillement, jusqu'à ce que les fonds assignés pour leurs revenus soient faits. Pendant ce temps, leurs nouvelles dignités sont toutes spirituelles ; il faut que les titulaires vivent d'espérance, et c'est une nourriture légère pour des gens d'église. Le Pape attend de même la restitution d'Avignon, ou une compensation en argent. Mais il a une faible chance pour l'un comme pour l'autre : c'est ce qui fait dire aux *ultra* qu'il n'y a point de religion en France. S. S. est fort affectée de ces différens désastres auxquels cependant la cour de Rome est maintenant assez accoutumée. Elle a, en vérité, reçu tant de ces blessures, qu'il est surprenant qu'elle vive encore. Mais, heureusement pour Rome, les souverains de l'Europe se croyent intéressés à sa conservation. Les Papes aussi ont leur légitimité.

X.

Le Mandement. — Littérature. — Sciences.

—

A la fin du carnaval de 1817, un incident répandit sur les premiers jours du carême une gaîté générale. Les grands vicaires de Paris, dans la vacance du siége sous la première autorité épiscopale, donnèrent un *Mandement*, ou Lettre pastorale, qu'ils adressèrent aux fidèles, et qui fut placardé, suivant qu'il est d'usage, tous les ans, à cette époque, aux murs de toutes les églises de la capitale. Il était en général dans les formes accoutumées, prescrivant l'abstinence, accordant la permission de manger des œufs, etc.; mais il contenait une prohibition d'une nouvelle espèce. Un libraire venait de publier une édition compacte des œuvres de *Voltaire* pour les rendre d'un usage plus général, et ce mandement lançait toutes ses foudres contre cette publication. Les Parisiens avaient depuis long-temps assez de raisons d'être sérieux; mais leur caractère est naturellement gai : ils saisirent avec joie une occasion de rire, et jamais jusque-là mandement n'a essuyé plus de plaisanteries. Il fournit matière aux épigrammes, et beaucoup de sujets de chansons. On a naturellement des dispositions à faire ce qui est défendu; et les demandes des œuvres de *Voltaire* se multiplièrent au point, que sept éditions nouvelles, qui furent publiées, furent épuisées rapidement. Elles furent suivies de nouvelles éditions de *Rousseau* et d'autres auteurs classiques français, qui dès ce moment furent tirés des bibliothèques et mis pour un moment à l'ordre du jour; car il faut observer que les Français s'occupent habituellement beaucoup moins de littérature qu'autrefois. La vérité est, qu'il n'y a maintenant que la politique qui obtienne l'avantage d'occuper l'esprit public. Un nouveau chef-d'œuvre de Racine produirait à présent moins d'effet qu'une nouvelle proposition sur le mode des élections. Les longues discussions sur la littérature, qui avaient coutume d'animer les conversations en France, ont perdu beaucoup de leur intérêt. Les ouvrages des grands écrivains ont été si scrupuleusement analysés, que tout le monde sait par cœur ce qu'il y a à dire sur le mérite de chacun ; et ceux même qui sont le moins en état de sentir leur mérite, ont assez appris pour être sûrs d'admirer à propos.

Sans doute les personnes de goût ne peuvent jamais être insensibles aux charmes d'une littérature polie, elles ont fait les délices particuliers des esprits élégans, le charme et la consolation des malheureux dans la solitude où le monde les laisse, et la plus précieuse ressource contre l'ennui de la vie, qui nous attaque quelquefois dans la prospérité. Mais dans le trouble des révolutions, sa voix n'est entendue que par intervalles. D'autres intérêts occupent les têtes, d'autres pensées s'emparent des esprits. Les Français ont long-temps voyagé dans des routes où, d'un côté, de profonds précipices étaient ouverts sous leurs pas, et de l'autre des vagues impétueuses roulaient sur leurs têtes. Ils peuvent de temps en temps se reposer à cueillir une fleur sur leur passage; mais sa beauté ne leur plaît que pour un moment. Le temps est passé où les principales villes de France se partageaient d'opinion pour une seule lettre, dans un vers de Mithridate (1). Maintenant, l'avidité pour les nouvelles politiques est telle, que Paris est plein de cabinets de lecture qui sont remplis, depuis le matin jusqu'au soir, d'une foule d'hommes de tout âge, tous également empressés à s'emparer de quelque nouveau pamphlet, et à s'informer de ce qui se passe. A l'Athénée, institution littéraire déjà anciennement établie, rien n'attire une si brillante assemblée des deux sexes, qu'une dissertation politique par M. Benjamin-Constant, faite avec cette précision d'analyse, et cette persuasive éloquence dont il connaît si éminemment le secret.

Si les Français ont moins de penchant qu'autrefois pour les subtiles distinctions de la critique littéraire, c'est que les circonstances dans lesquelles ils ont été placés par la ré-

(1) *Tenois* ou *tenoit* dans ce vers :

Tenois entre elle et moi l'univers incertain.

volution, ont eu l'effet de répandre chez eux plus en grand les connaissances générales, de donner aux études plus d'étendue, et d'inspirer une ardeur particulière pour les sciences exactes, en faveur desquelles plusieurs causes ont concouru. On a cultivé la géométrie et les mathématiques à cause de leur rapport avec la tactique militaire. La France, si long-temps isolée du reste du monde, a été obligée d'appeler la science à son aide, pour trouver dans ses propres ressources les moyens de suppléer à toutes les productions qu'elle avait coutume de tirer des autres pays. La chimie fut alors interrogée sur de nouvelles substances, et forma de nouvelles combinaisons de la matière. Elle enseigna l'art de tirer de la soude du sel, de l'indigo, du pastel; de cristalliser le sucre du jus de la betterave. M. Berthollet n'a pas dédaigné de montrer aux Français à teindre leurs laines, et M. Guyton de Morveau à les blanchir, tandis que M. Vauquelin appliquait aux usages communs de la vie les plus ingénieux procédés de l'analyse chimique.

Les sciences ainsi alliées au patriotisme,

ont reçu de l'éclat de noms célèbres, et sont dans ce pays une partie essentielle de l'éducation moderne. L'habitude des études, que M. Laplace appelle *les délices des êtres pensans*, a été si peu interrompue par les catastrophes politiques, que le canon, qui annonçait à Paris l'approche des alliés, fut entendu que par intervalles par les auditeurs de M. Gay-Lussac, pendant qu'il expliquait une suite de belles expériences, avec la précision qui distingue toujours ses recherches dans toutes les parties de la physique.

Rien n'était plus propre à adoucir l'aspect austère de la guerre que les communications qui ont eu lieu, tant qu'elle a duré, entre les savans de la France et de l'Angleterre; il est heureusement inutile aujourd'hui de demander quelle était celle des deux nations que l'autre bloquait; mais on apprend avec plaisir que le Bulletin des Sciences passait régulièrement de l'une à l'autre.

Depuis le retour de la paix, les savans ont combiné leurs travaux, pour reconnaître définitivement les dimensions et la figure de la terre, à-la-fois si petite et si grande.

M. Biot a lu dernièrement à l'Institut une narration intéressante de son voyage aux îles Shetland, pour la mesure du méridien. Les insulaires ont élevé un monument à la place où il a fait ses observations. Ces « habitans des rochers » ont compris que ses travaux étaient dignes de souvenir, et *la pierre de sa renommée est placée.* Ils ne sont pas comme le moine capucin sur les rives de l'Oronoco, dont M. de Humboldt fait mention, et qui ne pouvait pas concevoir pourquoi « il venait de si loin mesurer des terres qui ne lui appartenaient pas. » Mais l'ardeur de M. de Humboldt, pour les découvertes dans les sciences l'a quelquefois conduit dans des régions hors des bornes de la cilivisation, et dont les habitans étaient trop ignorans pour que leur hôte les étonnât.

XI.

Société de la Bible.—Missionnaires.—Éducation.

—

Le même esprit de patriotisme qui a contribué aux progrès des sciences dans ce pays, a inspiré aussi de nouveaux plans d'amélioration générale. La signification de ce que, en Angleterre, nous appelons esprit public, n'a jamais été si bien comprise en France qu'elle l'est aujourd'hui, et jamais, à aucune époque précédente, les riches ne se sont montrés plus disposés à devenir ce que M. Lemontey appelle « les intendans des pauvres. » La famille royale a contribué à mettre la charité à la mode; elle est éminemment bienfaisante. Il n'y a pas à Paris d'homme plus occupé que le secrétaire qui est chargé de distribuer les aumônes de madame la duchesse d'Angoulême.

Les Protestans ont formé dernièrement une société biblique, dont M. Jaucour, pair de France, est président, et que nos excellens ministres protestans soutiennent de toute leur influence. Nous resterons long-temps en arrière de la société biblique de Londres (1), cette glorieuse institution, dont les effets bienfaisans se répandent «depuis les régions orientales où le soleil se lève, jusqu'aux occidentales où il se couche ; » mais nous rendons hommage à cette philantropie religieuse, et nous saurons imiter ce que nous admirons.

L'établissement de la Société biblique de Paris a été l'objet d'une violente attaque de l'abbé Lamenais, dans un journal périodique. Il avance que la société biblique est le dernier

(1) Cette société biblique de Londres a mis dernièrement à la disposition de celle de Paris une quantité de Bibles en français imprimées à Bâle. Les administrateurs de la douane en France ont ordonné que ces Bibles fussent exemptées des droits de passage aux frontières. La conduite de ces administrateurs forme un contraste avec les dernières instructions du Pape aux Polonais catholiques, à qui il défend de lire des Bibles hérétiques.

effort d'une secte expirante. — *Les sociétés bibliques sont des sociétés de l'anarchie religieuse, qui mène à l'anarchie politique. — Est-ce que nous n'avons pas assez des jacobins ?* s'écrie-t-il ; *nous faut-il encore des puritains? Les fiers réformateurs de la religion chrétienne ne savaient pas eux-mêmes ce que c'est que la religion. Luther n'a fait que changer l'unité du culte en une démocratie d'opinions.*

Tels sont les termes modestes dans lesquels ce prêtre chrétien porte un acte d'accusation contre une société qui répand le christianisme de l'Evangile de préférence à celui de l'Eglise de Rome. Mais ce n'est ni par la lecture ni par la raison que de tels catholiques se chargent eux-mêmes d'interpréter le christianisme.

> Tout Chrétien qui raisonne a le cerveau blessé :
> Bénissons les mortels qui n'ont jamais pensé.

M. Stapfer, anciennement ministre de l'instruction publique, en Suisse, a repoussé admirablement bien cette attaque de l'abbé Lamenais à la Société biblique, dans une lettre publiée au Moniteur. M. Stapfer est un homme également distingué par ses brillans talens et par sa rare érudition, ainsi que par une philantropie pure et étendue, qui renferme tant d'autres vertus, et qui est elle-même la plus précieuse de toutes.

Une chose qu'on aime à remarquer, c'est que tandis que tout ce qu'il y a d'hommes esclaves en France poursuivent sans relâche la superstition, un respect général pour la religion gagne de jour en jour dans ce pays : il n'y a plus de gloire à prétendre par la misérable forfanterie de l'incrédulité. Dans les premières années de la révolution, ces déplorables doctrines étaient si dominantes, qu'elles étaient descendues jusque dans le vulgaire. « Il faut une religion pour le peuple, » disait un cordonnier à son confrère. A présent, les railleries sur la religion sont aussi loin du ton de la bonne compagnie que des principes de la saine raison. L'incrédule traîne aujourd'hui son triste système comme il peut dans le silence, et son incrédulité n'affecte plus les autres ; ceux sur-tout qui, peut-être, dans l'amertume de l'adversité n'ont de support que la foi qui leur parle de la pitié qui partage les infortunes, de la compassion qui les console, et de la bonté divine qui récompensera la vertu.

Le Français, devenu plus sage et meilleur par l'adversité, chérit le respect pour la religion; mais une religion si distincte de la bigoterie, que plusieurs tentatives, qui ont été faites pour ranimer cet esprit dans le peuple, ont excité une indignation générale. Des missionnaires catholiques ont été envoyés, par on ne sait qui, pour errer, on ne sait où, dans la France, en pélerinage et en prêchant les dogmes de la foi catholique, comme s'ils étaient aussi ignorés sur les bords de la Garonne que sur les rives du Mississipi : ils plantent de grandes croix de fer dans les principales places ou rues des villes et des villages qu'ils traversent; ils gravent des figures de cœurs, et dans chacun le nom d'un de leurs fidèles. Ces croix deviennent des objets d'idolâtrie pour des têtes faibles, qui souvent sont en grand nombre : et si Fléchier vivait, ce serait aujourd'hui qu'il serait tenté d'écrire, comme il fit au temps de Louis XIV : « Si Israël devient idolâtre, je briserai le serpent d'airain. »

Pendant que les missionnaires plantaient des croix, les jésuites ont tenté de former de petits séminaires, afin de greffer les principes qui leur sont propres, et leurs doctrines particulières, dans l'esprit de la jeunesse, d'élever une pépinière de nouveaux disciples, et de ressaisir l'empire sur le genre humain. *Ces pères de la foi*, car tel est le titre qu'ils se donnent, bannis depuis long-temps par les rois, abhorrés des nations, couverts des imprécations de l'Europe, et repoussés en Asie, ont planté leurs tentes au sommet des Alpes : ils ont envahi ce champ d'asile de la liberté; ils semblent de là jeter leurs yeux avides sur le monde, comme s'il devait redevenir leur patrimoine. Mais il est passé le temps où ces révérends pères ne manquaient jamais le but qu'ils visaient; ils ont des séminaires, mais ils n'ont pas, ou presque pas d'élèves; et ils trouvent jusque dans leurs jeunes novices des dispositions à secouer le joug de la règle monastique.

La dynastie des Jésuites « est descendue dans le tombeau de famille » des dynasties fondées sur la tyrannie et le fanatisme. Leur principales église, à Paris, s'appelle encore l'Eglise des Jésuites : elle est à peu de distance de notre temple protestant. Nous pouvons, en passant, jeter les yeux sur ce magnifique édifice, et sourir en songeant à l'impuissance de nous tourmenter, où la race de ses anciens possesseurs est réduite aujourd'hui. Les archives du Vatican qui ont été apportées à Paris par le Pape, et qui, après la personne de Sa Sainteté, étaient une des plus grandes curiosités de la capitale, contenaient la protestation secrète du Pape Clément contre la destruction de l'ordre des Jésuites. La protestation et l'ordre ne sont pas aujourd'hui plus à redouter l'une que l'autre.

La jeunesse de France serait en vérité bien malheureuse, si elle était destinée à tomber pour ses études de Scylla dans Charybde, c'est-à-dire, de l'éducation soldatesque à l'éducation monacale, de l'instruction d'un militaire à celle d'un ecclésiastique jésuite : car ce serait une erreur de croire que l'influence de Bonaparte sur les jeunes gens commençait à l'âge de la conscription. Leurs habitudes militaires commençaient dans les lycées. On avait remarqué qu'il y avait de bonnes raisons pour que l'empire des prêtres fût si grand sur les hommes, puisqu'ils s'emparaient d'eux à leur naissance, et ne les quittaient qu'après la mort. Bonaparte avait profité de l'exemple ; il s'emparait de ses sujets dès leur tendre jeunesse, sans les lâcher pendant la courte vie qu'il leur permettait de traîner, et qu'ils étaient à la fin destinés à sacrifier à sa volonté.

L'université de Paris, qui avait la suprématie sur tous les lycées, était devenue un établissement en effet militaire, qui n'avait de différence pour ses membres que dans le costume; le bonnet et la robe de docteur remplaçaient le casque et l'uniforme. Les lycées, sous la conduite de ces professeurs guerriers, avaient été transformés en une sorte de casernes. Les parens, à qui cette instruction martiale pour leurs enfans ne plaisait pas, étaient privés du droit de les placer dans d'autres académies; la tyrannie n'hésitait pas à disposer des droits les plus sacrés de la vie domestique. Les maîtres des écoles étaient contraints par l'université de traîner deux fois par jour, et dans toutes saisons, leurs élèves à un lycée, pour y recevoir les leçons. Les enfans perdaient souvent leur santé et toujours leur temps dans ces voyages; mais les lycées étaient les quartiers généraux où il fallait qu'ils se rendissent, et l'absence était punie comme désertion.

Les appels aux études se faisaient au son du

tambour : les élèves étaient obligés de porter un uniforme, et, le mousquet à la main, d'apprendre l'exercice. Les bâtimens des lycées étaient divisés en quartiers : chaque classe avait ses caporaux et ses sergens ; et on apprenait aux élèves à saluer en portant la main au front, au lieu de la coutume *bourgeoise* d'ôter son chapeau et de se courber. La salle où se donnaient leurs leçons avait l'air d'un camp. Dans les études ils étaient sous les armes. Mais ce n'était pas assez : pendant que leur corps était façonné au service militaire, le sentiment ardent de la liberté, que l'étude des classiques leur inspirait, était soigneusement repoussé de leurs esprits. Les antiques vertus des sages grecs et romains étaient proscrites ou défigurées dans les livres adoptés par l'université. Caton était peint, par le moderne César, comme un séditieux, qui aurait bien mieux fait de vivre et d'accepter la croix d'honneur de ce temps. Quand les écoliers cherchaient dans leurs dictionnaires des épithètes ou des métaphores, ils trouvaient un long article intitulé NAPOLÉON, qui contenait, avec beaucoup de périphrases, ses exploits dans le nord et le midi; et leurs yeux se reposaient sur une vingtaine d'épithètes magnifiques. C'était le *grand*, le *vaillant*, le *généreux*, l'*invincible*, etc., appliqués à ce NAPOLÉON. Dans ce dictionnaire, un certain peuple, appelé BRITANNI, n'était pas oublié : il était désigné comme *cruel*, *implacable*, *trompeur*, et sous beaucoup d'autres qualifications aussi agréables.

C'était ainsi que les jeunes étudians trouvaient une loi écrite pour leurs opinions politiques. Les prêtres, de leur côté, leur apprenaient un catéchisme, selon lequel ne pas honorer Napoléon était encourir les peines éternelles; et les professeurs de littérature, d'autre part, leur démontraient que, quelque dût être son influence dans le ciel, il n'était pas douteux qu'il ne fût le maître de la terre.

XII.

Loi de Recrutement.

—

Quand le comte d'Artois mit pour la première fois le pied sur le sol de la France, et répondit aux acclamations du peuple par ce compliment ingénieux, *Il n'y a qu'un Français de plus*, il dit en même temps que les *droits-réunis* et la *conscription* seraient abolis. Mais ces promesses, faites dans l'enthousiasme du moment, ne purent se réaliser. La France ne pouvait se soutenir sans soldats et sans taxes. Les *droits-réunis* changèrent de nom, et sont maintenant les *contributions indirectes*; et la conscription, ce mot qui faisait trembler toutes les mères, est devenu loi de recrutement. Bonaparte, par son horrible manière de forcer la conscription, s'est fait de toutes les femmes de France autant d'ennemies, et leur influence dans ce pays est assez puissante, pour qu'il ne soit pas douteux que leur ressentiment a contribué à sa chute. Mais pour la conscription, comme Sieyes l'avait observé pour la mort du duc d'Enghien, ce n'était pas seulement un crime qu'il avait fait, c'était aussi une faute (1). Bonaparte avait un grand mépris pour les femmes, et en tout il laissait trop percer son dédain pour toute la nature humaine. Ce sentiment l'a précipité dans des erreurs fatales à lui-même : il a poussé trop à bout la patience de ce genre humain. Son caractère et la fougue de ses passions le jetaient toujours trop en avant, et il lui a manqué cette sagacité qui s'arrête à propos. Il avait aussi, il le faut avouer, bonne raison de ne pas considérer beaucoup le genre humain. Il le voyait toujours à ses pieds.

> Je les vois à ses pieds baisser leur tête altière;
> Ils peuvent murmurer, mais c'est dans la poussière.
>
> Sémiramis.

(1) On reprochait à Bonaparte, devant Sieyes, la mort du duc d'Enghien comme un crime. C'est plus qu'un crime, reprit celui-ci, c'est une faute. *(Note du rédacteur.)*

Il avait vu les hommes les plus distingués par leur mérite trembler devant lui, et au milieu d'un monde de flatteurs il n'avait trouvé qu'un Ducis qui eût eu le courage de refuser constamment les honneurs qu'il lui offrait. En parlant de ce dernier des Romains, il ne faut pas que j'oublie un autre poète, qui, tandis que Napoléon était au sommet de sa puissance, a refusé de toucher pour lui une corde de sa lyre, et qui dans des vers pathétiques chantait l'exil de la famille royale. C'est Delille, qui fut ce que M. de Chateaubriand, avec son ordinaire beauté d'expression, appelle le courtisan de l'adversité.

Le principe fondamental de la conscription a été posé par l'Assemblée constituante. Le parti aristocratique s'opposa alors à cette loi, à cause du principe démocratique qui impose à chaque individu l'obligation de servir son pays, sans exceptions ni priviléges. Alors l'avancement dans la carrière militaire est ouvert à tous; de sorte qu'un simple soldat peut devenir maréchal de France; et c'est de quoi beaucoup d'honorables exemples peuvent être cités. Bonaparte avait tourné le système de la conscription, comme il tournait tout, aux projets de son ambition. Le principe de la conscription était juste ; mais son application était odieuse et inhumaine. Quand il fallait en France des troupes fraîches, ou *de la chair à canon*, comme on appelait alors les levées, dès l'instant où le sénat(1) avait voté une conscription, Bonaparte ne laissait pas perdre un moment. Tous moyens étaient bons, pourvu qu'il atteignît son but. Les dernières années de son règne ne furent qu'une guerre à outrance entre lui et les familles des conscrits qui devaient partir ; guerre poussée vigoureusement d'un côté avec tous les artifices de la tyrannie, et de l'autre avec toutes les inventions de la tendresse. A la fin, il ne se trouva plus d'expédiens. Ceux même qui avaient le bonheur de s'appuyer sur quelque infirmité étaient obligés de marcher ; et ceux qui avaient été

(1) Le Sénat doit aux générations à venir de la France un compte bien long de la jeunesse qui a péri. La nation française peut bien adresser à ce Sénat les paroles d'Auguste à Varus : « Rendez-moi mes légions. »

assez riches pour acheter à prix d'or des remplaçans, étaient forcés de suivre, dans les *gardes d'honneur*, les hommes que leur fortune plaçaient dans ces compagnies. Napoléon ne recevait gracieusement les adresses des villes de France, que quand elles étaient accompagnées d'un présent, et ce présent était ordinairement de deux cavaliers armés et équipés pour le combat. Rome, dont l'auguste tête était alors courbée, lui offrit son tribut de sacrifices humains ; et l'immortelle citée semblait à cette époque se précipiter dans la servitude aussi facilement qu'au temps décrit par Tacite.

Quand Bonaparte eut poursuivi tous les jeunes gens de la France par tous les moyens qu'il put imaginer, et tellement abusé de la loi de conscription qu'il restait à peine un homme pour cultiver la terre, le fardeau de l'agriculture retombait sur les jeunes femmes ; elles étaient accablées sous le poids de ce travail, qui excédait leurs forces ; elles en perdaient ce triomphe si court que la nature accorde à la jeunesse, et ce pouvoir qu'elle donne à la beauté. Ainsi privées de leurs avantages, épuisées, abandonnées, elles perdaient tout: l'incarnat de leurs joues passait avec leur santé, et les illusions de l'amour étaient glacées dans leur cœur.

Mais le changement subit qui s'opérait dans les conscrits eux-mêmes était encore plus étonnant. Ces jeunes gens, qui ne quittaient le toit paternel qu'avec les émotions les plus touchantes de la douceur et de la tendresse filiale, dans les oreilles de qui retentissaient encore les derniers adieux de leurs parens désolés, ces jeunes gens, entraînés aux armées avec tant de répugnance, ne les avaient pas plutôt rejointes, qu'ils étaient transformés en des êtres tout nouveaux. Napoléon fixait sur eux ses yeux de lynx, et ils étaient comme fascinés par son regard.

La présence de Napoléon sur son trône ne frappait d'aucun respect, il y était même gêné dans ses mouvemens, comme sans habitude dans un siége emprunté, auquel il n'était pas fait. C'était sur le champ de bataille et à cheval que, malgré sa petite taille, dans un uniforme simple, il avait un certain charme, qui sous les murs du Kremlin, comme aux pieds des Pyramides, faisait chérir le danger et mépriser la mort. Un de mes amis, attaché au ministère des affaires étrangères, qui suivait toujours Napoléon à l'armée, m'a dit l'avoir vu, le jour d'un grand combat, traverser ensuite le champ de bataille qui menait à ses quartiers, et qui était couvert de blessés et de soldats mourans. Quand il parut tous suspendirent leurs gémissemens pour crier : Vive l'Empereur!

Il ne daigna pas répondre seulement d'un regard ; il se dégageait des tas de corps morts avec autant d'indifférence qu'il aurait fait d'un obstacle ordinaire. Il faut dire aussi, que quand le malheur eut augmenté sa dureté naturelle, (effet qu'elle produit toujours dans les cœurs barbares), ses soldats lui firent quelquefois entendre qu'ils commençaient à se lasser d'être menés à la boucherie. Après une des batailles qui se donnèrent près Paris, en arrivant à sa tente, il trouva l'entrée obstruée par un tas de corps morts dont on avait fait une pile contre la porte. Mais ce fut bien rarement que ses armées se permirent l'expression d'un reproche. Avec quel dévoûment ceux qui avaient échappé à la retraite de Moscow se rallièrentils sous ses étendarts! Bien sûrement ils n'avaient pas oublié le chemin glacé du désert, et pourtant ils dédaignaient de se plaindre. Quelques circonstances pourtant ont montré quelquefois les impressions qui en étaient restées dans leurs esprits. Je me souviens que dans ce temps, un pauvre homme tomba de faiblesse à la porte de l'hôtel où je demeurais. On s'empressa de le secourir. Que de bruit, dit avec un regard d'amertume un jeune officier qui revenait de Moscow, que de bruit fait ce malheureux, parce qu'il souffre un peu de la faim ! J'en ai vu bien des centaines mourir de besoin sans avoir dit un mot ! » Les routes de l'armée française, depuis Moscow, étaient jonchées de sacs d'argent et même d'or, que des soldats épuisés n'avaient pu porter plus loin. A quoi servait de l'or, quand il n'y avait pas de pain à acheter ? C'est là que l'homme disputant son existence à la fois contre les besoins de la nature et la fureur des élémens, doit avoir bien senti toute sa petitesse !

Où la conscription m'a-t-elle conduit ! Mais les mots Conscription et Bonaparte ne sont-ils pas unis ensemble inséparablement ? Qu'on me permette encore une observation sur Bonaparte, avant que de l'abandonner tout-à-fait. Son pouvoir de s'attacher les hommes était borné à ses soldats. Au milieu de sa dernière pompe militaire, au *Champ de Mai*, tandis que ses soldats, qui sentaient bien que c'étaient eux qui étaient les héros de la fête, faisaient retentir les airs de leurs acclamations, les rangs de la garde nationale défilaient devant lui avec dignité et dans le silence. Sa physionomie à lui-même, à la vérité, n'était pas calme, son agitation se manifestait, et peut-être avait-il quelque pressentiment que cette splendeur qui l'environnait était le dernier rayon de sa gloire. Les armées de l'Europe accéleraient sa chute ; mais sa sentence était déjà prononcée dans la nation française. Il ne lui restait rien, que des soldats et du canon. Les dernières années de son règne ressemblent en quelque sorte à cette partie de l'Iliade, où le poète suspend sa narration, et remplit tout un livre de l'énumération des forces, et de la description des armes des Grecs.

Revenons donc enfin à la loi du recrutement. Il était essentiel sous un gouvernement représentatif de concilier la levée nécessaire d'une armée avec les principes de justice et la charte. Il était même indispensable d'avoir une armée nombreuse. Bonaparte, qui ne trouvait pas qu'il pût jamais y avoir trop de combattans dans le monde, avait appris à l'Europe à rassembler des masses immenses. Le système du service volontaire fut essayé d'abord par le nouveau gouvernement; mais il se trouva insuffisant pour atteindre le but désiré, et on porta la loi qui oblige tous les jeunes gens en France, quand ils ont atteint leur vingtième année, d'entrer dans le service militaire pour cinq ans. Alors les conscrits sont libres de retourner dans leur famille. L'avancement est ouvert à tous ; le nombre des hommes requis est irrévocablement fixé ; et comme on n'avait besoin d'abord que d'une petite partie, ce fut le sort qui détermina ceux qui partiraient. Beaucoup de circonstances donnent droit à l'exemption du service. Toutes les dispositions de la loi sont douces et bienfaisantes : elles méritent au maréchal Gouvion Saint-Cyr la reconnaissance et les bénédictions des pères et mères. En tout, cette loi constitutionnelle peut ne se pas faire obéir avec enthousiasme ; mais on s'y est soumis avec résignation : c'était la conscription, mais la conscription dégagée de tout ce qu'elle avait d'horrible. On avait ôté au lion ses dents et ses griffes, il n'avait plus rien d'impérial dans le regard : il n'avait plus d'armes offensives ; mais il était toujours lion pour la défense. Les députés du côté droit sont parvenus à faire décréter l'exemption pour les jeunes gens qui se dévouent à l'instruction primaire, et qui sont connus sous le nom de Frères des écoles chrétiennes, communément appelés Frères Ignorantins. Ce reste de l'institution monastique a été mis en opposition aux écoles de l'instruction mutuelle, et les frères sont particulièrement soutenus par les *ultra*. Plus de 80 mille enfans de France suivent les écoles d'instruction mutuelle : de jour en jour ces écoles font des progrès, et les connoissances deviennent de plus en plus plébéïennes. Les Frères Ignorantins ont par conséquent un petit nombre d'écoliers, auxquels pourtant ils sont obligés de se consacrer pour dix ans, sous peine, s'ils quittent la robe, d'endosser la cuirasse.

Il existe toutefois encore une cause de grand mécontentement dans le militaire. Les régimens suisses, qui forment une partie de l'armée et de la garde du Roi, sont les objets d'une aversion générale. Leur paie est plus forte que celle des troupes françaises. Leur uniforme rouge, leur langage allemand et leur air étranger, leur donnent en France l'apparence d'une armée d'occupation permanente. Le peuple trouve que ces soldats suisses n'ont rien de français que la cocarde, et que le Roi de France est mille fois mieux gardé par la charte constitutionnelle que par toutes les troupes de l'Helvétie. Le Roi, dont la philosophie est à la hauteur du siècle, et à qui sa conduite donne les plus hauts droits à l'affection de son peuple, n'a certainement pas besoin de garde étrangère, attribut du despotisme auquel il a renoncé pour toujours.

Le Roi, en 1815, a adopté une mesure très-populaire quand il a supprimé les compagnies de mousquetaires rouges et gris. Le nom de mousquetaires, quelles que soient leurs couleurs, inconnu dans le vocabulaire de la révolution, et qui reporte les idées en arrière jusqu'au règne de Louis XV et jusqu'à la cour du Régent, était extrêmement odieux aux Français; ces guerriers musqués, revêtus d'un brillant uniforme, avec de longs cheveux flottant en boucles sur leurs épaules, se balançant avec grâce sur leurs beaux chevaux aussi richement enharnachés qu'eux-mêmes, faisaient un contraste frappant avec tout ce que nous avions vu précédemment, la vieille garde et ses épaisses moustaches. Le Roi a supprimé les mousquetaires : il n'a gardé qu'une petite partie des gardes-du-corps, et a ordonné la formation d'une garde royale. Elle fut composée en 1815, et elle porte dans ses matériaux hétérogènes le caractère de son temps. Les soldats de la Vendée et ceux de Bonaparte furent confondus ensemble, et peut-être qu'on réunit de trop près des hommes plus sûrement soldats que citoyens, et, comme les militaires de tous les pays, plus en état de produire des brevets de valeur que des certificats de civisme. En effet, celui qui peut faire des lois avec le sabre qu'il porte à son côté, n'est pas toujours d'humeur à s'y soumettre. Les *bourgeois* de Paris, dans leurs promenades du dimanche aux villages voisins, ont de fréquentes occasions de se plaindre des violences des militaires. Les soldats quelquefois oublient qu'ils sont dans leurs foyers, et après des libations un peu trop copieuses ils paient leur écot comme en pays conquis, à coups de sabre (1).

Ces irrégularités cependant deviennent plus rares de jour en jour, les escarmouches de cabarets sont moins fréquentes. Le soldat français est naturellement gai et sociable. Quand il suspendra en trophée sur les murs de sa chaumière sa croix d'honneur, le certificat glorieux de sa valeur, il apprendra quelles douceurs ont les affections domestiques, et quels sont les plaisirs de la paix ! L'armée française renaît maintenant de ses cendres : les soldats s'enrôlent d'eux-mêmes dans les nouvelles levées : les officiers à demi-solde, si nombreux, que par eux seuls ils forment une armée, ont été invités à accepter de l'emploi dans la nouvelle organisation militaire, et à

(1) Ils découpent à table sans quitter leurs gantelets de fer, et en buvant le vin rouge ne baissent pas la visière de leurs casques. Scot.

se réconcilier avec la patrie, qui n'est que trop fière de leur valeur.

Les Français sont prêts à reconnaître qu'il y a du vrai dans tout ce qu'on a dit de la folie des ambitions militaires ; mais tout Français trouve dans son cœur un sentiment dominant qui le porte à se réfugier, après la capitale conquise, sous les lauriers d'Austerlitz et d'Iéna.

XIII.

Processions catholiques.

Les Protestans, dans le midi, jouissent maintenant, de nouveau, de la sécurité sous l'abri du gouvernement constitutionnel ; mais Nîmes est devenue un triste séjour. Toute société a cessé entre les Catholiques et les Protestans : il semble qu'un mur de séparation soit élevé entre eux, et ils forment deux associations distinctes.

La persécution a eu son effet ordinaire, elle a conduit les Protestans à une observance plus solennelle de leurs devoirs religieux ; elle a excité un zèle plus ardent, et un plus ferme dévoûment à cette foi qu'ils ont confessée à l'heure du danger, et qu'ils ont encore de nouveau scellée de leur sang.

Depuis la persécution ils ont encore éprouvé quelques inquiétudes comparativement légères, mais suffisantes pour exciter des mécontentemens. Une de celles dont ils se plaignent est dans le renouvellement des processions catholiques.

Une église est un édifice public où personne n'est obligé d'entrer, mais où tous ceux qui s'y présentent sont tenus de voir les cérémonies qui y sont célébrées, au moins avec les marques extérieures du respect, ou bien il faut qu'ils se retirent. Mais cette obligation, relative aux cérémonies du culte dans l'intérieur de l'église, devient un acte d'oppression, quand des prêtres, quittant leurs temples et étendant les limites de leur domination, portent leur pompe, leur encens et leurs sacrifices dans les rues publiques, et forcent les citoyens de différentes persuasions à prendre part aux cérémonies d'une religion particulière, à se découvrir la tête, et quelquefois à fléchir les genoux; enfin, forcent les habitans, dans toutes les rues où la procession passe, à tendre des tapisseries devant leurs maisons, pour lui rendre hommage.

Le grand attachement du clergé catholique aux processions est une suite de son ambition de forcer les hommages de l'univers. Et quel plus sûr moyen d'y parvenir, que d'élever leurs autels sur les grands chemins, et d'obliger les passans à une observance au moins tacite des rites qu'ils célèbrent? En général, le culte catholique s'adresse particulièrement à l'imagination. Ses prêtres qui, comme ceux de l'Indostan, parlent une langue inintelligible au peuple; ses symboles mystérieux, sa musique et la variété des habits dont ses ministres sont revêtus, tout cela a pour but de s'emparer de l'imagination et de la séduire. Mais la pompe des processions est plus que toute autre chose, propre à fixer l'attention du peuple, à qui il est plus facile de regarder que de raisonner, et qui voit avec un respect involontaire tout ce qui est rangé avec ordre et marche avec solennité.

Le clergé, au renouvellement de ces cérémonies qui n'avaient point eu lieu à Paris depuis plus de vingt ans, a voulu, en exposant jusqu'à la profusion ses ornemens d'église, déployer une magnificence digne de l'ancienne splendeur de la religion de l'État. La nature aussi, dans ces occasions, est appelée à contribuer pour sa part. Et qui peut en effet mieux qu'elle décorer une fête ? Les autels élevés dans les rues sont ordinairement couverts de roses : les rues le sont de verdure, qui est doucement foulée par des nymphes voilées, chantant en chœur des cantiques mélodieux, et des Madeleines éplorées, les cheveux épars, et des petits saints Jean, dont la draperie se relève en plis, et qui, gracieux et légers, ont l'air de Cupidons.

Mais rien n'est si remarquable dans ces occasions que l'exposition des reliques, qu'on a prétendu avoir été détruites depuis long-temps par des mains sacriléges dans les fureurs de la révolution. Il semble qu'on les voie toutes renaître de leurs cendres ; et celles de Saint-Louis particulièrement ont toutes reparu, avec des attestations authentiqnes de leur identité.

Mais si le clergé catholique triomphait dans l'exercice renouvelé de ses cérémonies, les Protestans n'étaient point du tout d'humeur de suivre leur char de triomphe. Tant que la soumission a été volontaire, ils ont, à la vérité, déféré par esprit de condescendance à ce qu'ils se décident maintenant à refuser, quand il leur est imposé comme une obligation. Bonaparte avait ajouté au concordat de 1801 une série d'ordonnances législatives, qu'il jugea à propos d'appeler lois organiques du culte : elles réglaient une foule de choses de détails qui n'avaient pu trouver place dans le concordat. Ces lois organiques, cependant, comprenaient quelques objets que le Pape considérait comme de haute importance : et parce qu'elles avaient été promulguées sans son consentement, il se hâta de protester contre elles comme n'ayant pas sa sanction. Mais il fit ces protestations *in petto*, se réservant la faculté de les faire valoir dans un temps où Napoléon ne serait pas le plus puissant. Depuis, S. S. a publié ces protestations secrètes, en déclarant les articles additionnels nuls et de nul effet : toutefois, ils ont encore force de loi, étant sanctionnés par la Charte et par la volonté de la nation. Le Pape continue toujours d'intervenir dans les affaires de la France ; mais ce n'est plus qu'une vaine prétention. Un des articles des lois organiques déclare : qu'aucune cérémonie extérieure du culte catholique n'aura lieu dans les villes où il y a un consistoire protestant. En conséquence de cet article il n'y eut plus de processions dans Paris, car il n'y avait pas en France de classe plus pénétrée des principes de l'obéissance passive commandée par Napoléon, que celle des prêtres catholiques. La soumission à sa volonté impériale semblait être le premier dogme de leur foi.

Dans quelques villes des provinces, nos consistoires, par un esprit de fraternité religieuse, ont fait savoir aux magistrats catholiques qu'ils ne s'opposeraient pas aux processions, pourvu que la plus parfaite liberté de conscience fût conservée aux Protestans. En conséquence il y eut des processions dans plusieurs villes des provinces; et quoiqu'elles fussent toujours défendues par la loi, les magistrats les laissèrent faire : elles servirent même à prouver l'harmonie et la bonne intelligence qui existaient entre les deux communions. Le préfet, lui-même, pour plaire au peuple, et peut-être souvent à regret, suivait le dais à pied, dans tout le cours de la procession, dans son costume de cérémonie, et décoré de toutes les marques extérieures de son autorité.

Dans ce temps aussi, quand les malades se trouvaient dans le cas de recevoir l'extrême-onction, le sacrement était porté en cérémonie dans les rues, précédé d'une petite clochette, et tout catholique qui se joignait à ces processions gaguait l'indulgence d'autant de jours de purgatoire; mais si un Protestant venait à passer, il était libre d'ôter son chapeau ou de le garder : on ne le remarquait pas, parce qu'on ne lui supposait aucune intention d'offenser. On n'était plus aux jours où les rois de France, quand ils rencontraient ces processions, descendaient de leur carosse, et se prosternaient sur le pavé jusqu'à ce qu'elles fussent passées.

Peu après la restauration, les Protestans, dans presque toutes les parties de la France, reçurent des magistrats l'ordre de tapisser le devant de leurs maisons, dans les rues où la procession de la *Fête-Dieu* devait passer. Ces ordres furent partout reçus avec une indignation générale. Des plaintes, des remontrances, furent faites contre des ordonnances inconstitutionnelles. Souvent elles éprouvèrent un refus obstiné de s'y soumettre; il fut puni d'amendes et d'emprisonnemens. Il y avait des villages presque entièrement composés de Protestans, et la grande majorité des habitans furent forcés de décorer leurs maisons pour une fête à laquelle il n'y avait qu'un très-petit nombre qui prenait part. Mais la soumission fut partout bien moindre que la résistance. Un Protestant, qui habitait une ville près de Montpellier, et qui, par une sorte de civilité pour les catholiques ses voisins, avait coutume de décorer tous les ans sa maison pour la procession, reçut à cet égard un ordre du maire, auquel il répondit par une déclaration que dès ce moment il ne voulait plus tapisser. Dans le département de l'Arriège, soixante habitans du village de Calvet furent mis à l'amende pour n'avoir pas mis de tapisseries. La sentence qui les condamnait à cette peine était motivée sur ce que la religion catholique était reconnue par la Charte pour celle de l'État. Ce hameau touche au village de Carlat, qui a donné naissance au célèbre Bayle, et dont par-là le nom est devenu historique. Ce grand homme ne prévoyait pas qu'en 1818 l'intolérance pénétreroit dans ces paisibles contrées. Ces villages, où les étrangers sont reçus avec l'hospitalité des anciens temps, sont au pied des Pyrénées, qui présentent le tableau le plus pittoresque et le plus majestueux. Les habitans montrent encore la caverne toute voisine, où leurs aïeux se sont réfugiés pendant la persécution de Louis XIV.

Plusieurs consistoires se sont assemblés pour délibérer sur la conduite qu'ils avaient à tenir, et l'opinion unanime a été que l'obligation de tapisser pour les fêtes catholiques était contraire à la liberté de conscience, qui était garantie par la Charte. A la fin, un consistoire a écrit au ministre de l'intérieur de ce temps, pour lui demander une déclaration explicite sur cette matière. La réponse n'était pas propre à calmer les inquiétudes des Protestans. Il y était dit : que les tapisseries dont ils décoraient leurs maisons n'étaient qu'une légère marque de déférence donnée à la religion de l'État, et que l'ordre de les poser ne devait être considéré que comme une mesure de police. Les amendes et les emprisonnemens, autorisés par cette décision officielle, se multiplièrent, car la résistance va toujours de pair avec l'injustice. A la fin, cet état d'indécision et de violence fut terminé par la noble persévérance d'un Protestant dans la cause commune.

M. Roman, riche négociant à Lourmarin, fut mis à l'amende de six francs, pour avoir refusé de tapisser le devant de sa maison. Il en appela à un tribunal supérieur, qui confirma la sentence contre lui. Mais il n'y a rien qui inspire la persévérance comme la conscience d'une bonne cause. M. Roman porta son appel jusqu'à la cour de cassation, qui est le tribunal suprême de France. Les Protestans attendaient avec une inquiétude extrême cette décision. La cause fut admirablement plaidée par un jeune avocat, d'un talent distingué, M. Odillon Barrot. Il invoqua la liberté religieuse, sous l'égide de la Charte, qui reconnaît formellement cette liberté. Après une longue délibération, le tribunal prononça la mémorable sentence qui annule les décisions des cours inférieures, et décida que les magistrats n'ont pas droit d'obliger les Protestans à tapisser le devant de leurs maisons. Ce qui rend cette sentence plus remarquable encore, c'est qu'elle porte jusque sur les catholiques, en déclarant nul et de nul effet tous actes ou ordonnances de maires ou de préfets non conformes aux dispositions prescrites dans la Charte. Mais le procès de l'intolérance et de M. Roman n'est pas encore terminé. La cour de cassation, en annulant la décision de la cour inférieure, a renvoyé, suivant son usage, la cause à une autre cour : le tribunal d'Aix en Provence, qui en est saisi, paraît avoir d'autres idées de la tolérance, et donner à la loi une autre interprétation. M. Roman a été encore condamné; mais il n'est pas découragé : il a encore appelé à la cour de cassation. La sentence finale sera bientôt prononcée par les quatre sections de cette cour suprême, réunies et présidées par le garde-des-sceaux.

XIV.

Aix-la-Chapelle.

—

Le congrès qui devait décider la grande question, si les armées d'occupation quitteraient ou ne quitteraient pas le territoire français, s'assembla enfin à Aix-la-Chapelle. Il régnait dans toutes les classes des Français une grande inquiétude sur cet objet. Ce moment d'incertitude semblait insupportable; et comme il arrive toujours, la patience, cette admirable vertu, s'épuisait, quand elle était le plus nécessaire. Chaque jour ajoutait à l'inquiétude. On reprochait au congrès des lenteurs, on trouvait que le télégraphe n'allait pas assez vîte.

On croyait réellement que des individus avaient adressé une note secrète aux puissances alliées, dans laquelle non-seulement ils témoignaient les craintes des dangers que ferait naître le départ des troupes, mais même ils proposaient d'ajourner indéfiniment ce départ. On espérait pourtant que les souverains de l'Europe connaissaient trop bien le caractère des Français pour se rendre à cette invitation.

Tous les yeux se tournaient donc vers la frontière : il semblait que les fonctions morales de la vie fussent suspendues; toutes les pensées étaient concentrées dans cette grande question: Partiront-ils, ou resteront-ils? La nouvelle qu'on attendait n'était pas dans l'ordre des nouvelles ordinaires : ce n'était pas de la perte ou du gain d'une bataille qu'il s'agissait; ce dont il s'agissait, était intimement lié aux affections publiques les plus sacrées. Ce qu'on brûlait d'apprendre, c'était si la honte de la nation, qui durait depuis trois ans, s'était terminée. Le doute était : si les alliés seraient assez bien avisés pour ne pas engager la France à une lutte où toute son existence serait compromise, et ne pas la réduire à cette position contre nature, où tout sentiment de justice disparaît, où le caractère moral de l'homme fait place à la férocité du désespoir, et où tout moyen de faire la guerre est bon, pourvu qu'il soit destructif. N'avons-nous pas vu en Espagne chaque chaumière devenir une forteresse, chaque fossé une redoute, et chaque homme un soldat?

Ces imprudentes dépêches de Paris à Aix-la-Chapelle, auxquelles on avait attribué, comme je l'ai déjà dit, un délai que les Parisiens trouvaient si difficile à supporter, étaient fondées en partie sur l'effet que les nouvelles élections avaient produit sur l'esprit public. Des personnes qui occupaient les premières places de l'Etat, dont les intentions étaient bonnes, mais les vues étroites, avaient exprimé, dans leurs communications, la crainte que leur inspirait la composition démocratique des élections. Le ministère lui-même, à la tête duquel était le duc de Richelieu, avait déjà conçu des alarmes. Mais quoiqu'il fût bien reconnu que ceux qui avaient eu le droit de régler le partage de l'Europe, doivent avoir également celui de tenir les yeux ouverts sur elle, cependant les Français pensaient que leurs élections étaient *une affaire de ménage*, dans laquelle les potentats étrangers n'ont aucun intérêt, ou de laquelle du moins ils ne doivent pas se mêler.

Mais le congrès d'Aix-la-Chapelle n'était pas une réunion ordinaire de puissances indépendantes. La France y était appelée à la barre de l'Europe, et c'était sa sentence qui allait être prononcée. Dans ce moment redoutable et décisif on avait conçu des craintes et des soupçons sans fondemens. Peut-être étaient-ils en partie les scrupules de gens de bien; mais tout en eux était erroné, excepté les intentions. Les ministres des souverains alliés tenaient la plume pour signer l'émancipation de la France, et la plume était arrêtée dans leurs mains. On dit que quelque chose qui ressemblait à la promesse conditionnelle de changer le mode d'élections et de prendre des précautions contre une démocratie criminelle, fut à la fin donnée par le ministère de France. Le traité fut donc signé, et la rançon payée, telle que les vainqueurs de la France l'avaient exigée, en mettant, comme Brennus, leur épée dans la balance.

Les armées alliées songèrent alors à se retirer. Les villes de France reçurent des garnisons françaises, et l'empereur de Russie et le roi de Prusse, par une politesse chevaleresque, vinrent d'Aix-la-Chapelle à Paris, pour laisser leurs cartes de « P. P. E. » pour le Roi de France.

Les Français n'étaient donc plus prisonniers dans leur pays. On n'avait pas laissé déborder la coupe d'humiliation, quand elle avait été remplie. Ils célébraient leur émancipation avec transport, mais en silence; car toutes réjouissances publiques furent évitées, comme ne convenant pas à la dignité nationale dans cette occasion.

La nature inanimée semblait aussi se joindre aux hommes pour enrichir la France de ses dons et fêter sa délivrance. Les moissons les plus belles avaient passé les espérances du cultivateur, et l'abondance des vendanges avait comblé la joie de cette saison de bonheur. Tout faisait un contraste aussi parfait que délicieux avec la sombre horreur de l'année précédente, où le blé avait été détruit par des pluies continuelles; où une foule de paysans, presque mourans de faim, sans travail et sans pain, étaient venus encombrer les rues de Paris pour demander l'aumône avec un ton d'importunité qui semblait dire aux passans de se garder de refuser.

Mais la sédition et la faim, l'humiliation et le désespoir, tout était oublié dans ce moment heureux. Dans la campagne, le cultivateur ne voyait plus les tentes des étrangers plantées dans son champ ; il n'était plus contraint de fournir la subsistance à des hommes qui exprimaient leurs demandes ou leur mécontentement dans des accens étrangers, et dans une confusion de langues qui lui étaient également inintelligibles. Ce n'avait pas été pour eux une tâche aisée à remplir que celle de satisfaire les goûts différens et tous les désirs de leurs hôtes, descendus les uns des montagnes Caspiennes, les autres de celles d'Ecosse.

Le vin n'était pas, comme l'année précédente, insuffisant pour remplir les tonneaux ; mais les tonneaux manquaient pour le vin. Le peuple avait prétendu que la comète de 1811 avait eu de l'influence sur le vin de cette année, qui avait été excellent, et qu'on a depuis appelé le vin de la comète. Mais celui de 1818, qui semble avoir crû sous l'influence d'un astre plus favorable encore, le surpassait : on l'appela le vin du départ ; et l'abondance de cette vendange a été célébrée dans bien des chansons, dont le refrain était toujours la certitude délicieuse que les alliés n'en boiraient pas.

XV.

Proposition de changer la Loi des Élections.

Tout était tranquille en France : le départ des alliés, loin de donner l'essor aux factions hostiles, et de faciliter de nouveaux désordres, avait fourni de nouvelles garanties à la sécurité publique. Les Chambres assemblées étaient occupées paisiblement à remplir leurs fonctions importantes : le Roi et la nation semblaient avoir serré entre eux des liens plus forts, sous l'influence tutélaire de la Charte.

Les lois provisoires de 1815 étaient près d'avoir atteint leur terme ; on laissait rentrer successivement les exilés qui avaient été bannis sans jugement, et ils avaient appris, en errant chez l'étranger, à apprécier le bonheur de vivre dans la patrie (1).

Au milieu de tout ce qui promettait la félicité publique, la scène changea soudainement. L'obscurité d'un nuage épais s'étendit sur l'horison, et la guerre civile semblait prête à envahir les lieux que l'armée d'occupation avait quittés.

Il paraît que M. de Richelieu, à son retour d'Aix-la-Chapelle, était persuadé de la nécessité de changer la loi des élections. M. Laîné était depuis long-temps dans la même opinion; mais les autres ministres, et particulièrement M. Decazes, ne la partageaient pas. Il fallait qu'un ministère ainsi divisé fût changé.

Un nouveau ministère fut désigné sous l'influence des *ultra* du dedans et du dehors. Ils

(1) Les regrets touchans d'un de mes amis qui fut forcé de s'éloigner, m'ont souvent rappelé ce beau passage d'Atala : « Oh! que de larmes troublent la solitude lorsqu'on abandonne ainsi la terre natale, et que du haut de la colline de l'exil on découvre pour la dernière fois le toit où l'on fut nourri, et le fleuve de sa cabane qui continue de couler tristement à travers les champs solitaires de la patrie! »

réussirent à obtenir le renvoi de M. Decazes, qui fut décidé pendant quarante-huit heures ; et ils triomphaient en voyant celui qui était l'objet de leur haîne mortelle quitter le gouvernail ; cependant, à leur grand chagrin, Son Excellence ne fit que sortir par une porte pour rentrer par une autre. Les *ultra* se crurent maîtres de la place, quand ils virent le ministère de la police supprimé. Mais que leur illusion fut courte ! Peu d'heures après, ils apprirent que M. Decazes remplaçait, au ministère de l'intérieur, M. Laîné, sur qui ils appuyaient leurs espérances. M. Laîné est un excellent homme ; mais il n'a pas tout ce qu'il faut pour un ministre, et en prenant la défense des *ultra*, il a perdu la popularité qu'il avait acquise en leur résistant. Cependant la France serait ingrate si elle oubliait le noble combat que M. Laîné a soutenu contre le despotisme impérial. Pour résister à Napoléon sur son trône il fallait une vertu peu commune.

Le ministère éphémère de quarante-huit heures fut suivi d'un interrègne de quelques jours, pendant lequel les affaires allèrent comme elles pouvaient sans ministres. A la fin, un ministère constitutionnel fut formé, qui se soutient encore, et dont la conduite dans la crise où l'on est poussé rapidement, a inspiré au public la plus honorable confiance.

M. Laîné a pris sa place dans la Chambre des députés, il s'est assis parmi les membres du côté droit : et M. de Richelieu, qui bientôt après a quitté Paris, voyage dans le midi de la France. Avant son départ, il y a eu à son sujet une vive discussion dans les deux Chambres. Le gouvernement avait proposé à la législature de décerner à M. de Richelieu une récompense nationale, pour les services qu'il avait rendus à son pays dans ses négociations avec les puissances étrangères. Cette proposition rencontra une opposition vigoureuse à la Chambre des députés, et fut généralement désapprouvée dans le public. Quoique M. de Richelieu jouît d'une estime méritée, et qu'on rendît unanimement justice à son caractère privé, cependant on se souvenait que, s'il avait surmonté les orages de la révolution, ce n'avait pas été en opposant ses efforts à leur violence, mais tranquillement, et loin d'elles, sur les bords de la mer Noire. L'émigration est une offense que la France a l'injustice de ne pas pardonner entièrement. Les Français reconnaissent que, pour les personnes de hautes classes, il y allait de la vie de rester, et ils leur font un crime d'être parties !

Mais, indépendamment du mérite ou des torts particuliers du duc de Richelieu, on regardait comme extrêmement impolitique de célébrer d'une manière publique et solennelle les événemens dans lesquels il avait joué le principal rôle, et qui, bien qu'heureusement terminés, ne pouvaient manquer de rappeler des souvenirs humilians. Il avait eu le malheur de signer le traité si déplorable pour la France, quand il avait fallu se résigner à laisser occuper son territoire par des armées étrangères. A la vérité, c'était lui aussi qui signait le traité d'évacuation. Mais ce traité même était de nature à n'être reçu que dans le silence. Si les Romains remerciaient un général après la défaite, pour n'avoir pas désespéré du salut de la patrie, du moins ne choisissaient-ils pas cette occasion de lui décerner la couronne de lauriers. M. de Richelieu avait porté à Aix-la-Chapelle la rançon de la France, et dans ce moment lui accorder une récompense nationale, n'est-ce pas ériger un monument de honte?

Le don d'une terre fut cependant voté, mais ce fut à la plus petite majorité: et M. de Richelieu, avec beaucoup de dignité, le transporta aussitôt à sa ville natale, Bordeaux.

Une nouvelle crise s'approchait pour la France. Il courait des bruits étranges qui pronostiquaient des malheurs, comme on entend des sons souterrains qui précèdent les tremblemens de terre. On savait que le parti oligarchique méditait une nouvelle attaque contre la monarchie constitutionnelle. Hélas! il semblait qu'il n'y avait pas de *Champ d'asile* en France pour la liberté, et qu'il fallait qu'elle fût sans cesse poursuivie par des factions, qui, bien que diamétralement opposées d'ailleurs, se réunissent toujours contre elle.

Le point le plus important pour la nouvelle constitution, c'est la loi qui règle les élections à la Chambre des députés. L'éducation politique de la France est avancée au point de lui avoir inspiré une vénération sans bornes pour une représentation nationale, et la détermination inflexible de ne jamais abandonner ses droits sacrés d'élection. Attaquer cette loi ; c'était attaquer la constitution dans les principes de sa vie. Il y a long-temps que les *ultra* font pénitence sous le sac et la cendre d'avoir imprudemment consenti à cette loi populaire : et en effet, on s'étonne qu'ils l'aient laissé passer. En exprimant notre étonnement, nous ne prétendons rien expliquer. Mais il arrive souvent d'étranges choses dans le monde moral comme dans le monde physique. Peut-être ce parti espérait-il gouverner les élections, et s'est-il aperçu trop tard qu'il serait aussi aisé de donner une direction aux vagues de l'Océan.

M. Barthélemy était l'agent dont le parti avait fait choix pour jeter en avant cette proposition désastreuse. M. Barthélemy est un plébéien ; mais il a été un des Rois de France, quand elle en avait cinq pour la gouverner sous le titre de Directeurs; il est maintenant pair du royaume. M.Barthélemy est un homme irréprochable dans ses mœurs ; et il y a eu un temps où il avait des droits à la compassion, car il a été persécuté. Mais la nature ne l'a pas fait pour jouer un rôle dans le monde politique, et ce sont les circonstances qui l'ont mis en évidence. Il a toujours été d'un caractère timide, et il est maintenant parvenu à l'âge où la timidité et la circonspection nous sont tout-à-fait naturelles, parce que, dans notre passage dans la vie, nous avons ordinairement reçu, tout au moins, une triste leçon, celle de la défiance. M. Barthélemy cependant a consenti à se rendre l'organe d'une mesure dont les conséquences auraient fait reculer les plus hardis, mais ce n'a pas été par force d'esprit : au contraire, c'a été par faiblesse. Il s'est arrêté ; il a hésité ; il a tremblé à la première ouverture de la proposition, qu'il a depuis adoptée. Mais il a été importuné jusqu'à être subjugué, et il a cédé à des instances auxquelles il n'a pas eu la force de résister. Ce n'est pas tout : on prétend que M. Barthélemy a été poussé par de certains hommes, pour qui cette attaque était une affaire de conscience. On dit qu'après s'être confessé à des cardinaux du scandale de ses anciens principes politiques, et de ses anciennes erreurs républicaines, ces saints personnages lui ont déclaré qu'il ne fallait pas moins que combattre, contre la loi des élections pour laver des hommes qui se sont laissé séduire jusqu'à céder à l'influence pestilentielle du dix-neuvième siècle. Autrefois on aurait eu recours à une croisade contre les infidèles pour l'expiation d'un tel crime : on demandait aujourd'hui une croisade contre les *libéraux*. Les cardinaux n'ont jamais cessé de descendre dans l'arêne politique, et le sacré collége est encore en guerre contre toute nouvelle institution. La cour de Rome regardera toujours la liberté comme une hérésie : et même, quand elle ne parle pas, il y a une protestation dans son silence. M. Barthélemy assailli par ses nobles amis, et presque traîné par eux à la tribune, après s'être excité et monté au ton d'un tel exploit, fit entendre sa proposition de prier le Roi de présenter aux Chambres un projet de loi, pour faire à la loi des élections tous les changemens que S. M. jugerait indispensables. Cette proposition était si vague, si mal définie, comprenait tant de choses et en expliquait si peu, qu'elle laissait voir clairement une attaque dirigée, non contre un article spécial de la loi, mais contre la loi elle-même.

M. Decazes, immédiatement après le discours de M. Barthélemy, se leva, et déclara qu'il regardait la proposition comme la plus fatale qui jamais été faite à la Chambre. M. Desolles, président du conseil des ministres, combattit aussi très fortement la motion : il montra le danger de cette mesure, exprima sa conviction de l'excellence de la loi des élections, et finit par déclarer que c'était l'opinion unanime du gouvernement. A la Chambre des Pairs, la proposition éprouva aussi une très-vive opposition de la part de plusieurs nobles de familles anciennes, tels que le duc de Broglie, le coryphée des libéraux, les ducs de Larochefoucault, de Choiseul et autres. Enfin, cette proposition subversive des droits de la nation fut combattue avec énergie par M. Lanjuinais, vétéran, j'allois presque dire martyr dans la cause de la liberté; car il a partagé tous les dangers des députés de la Gironde, et c'est un bonheur pour son pays qu'il ait échappé à leur sort.

La proposition de M. Barthélemy fut appuyée par plusieurs comtes et barons de Napoléon, avec la véhémence que montrent toujours ceux qui entrent dans une nouvelle secte. M. de Fontanes prêta à la motion l'appui de son style élégant et classique. On dit qu'il est partisan du pouvoir par conviction, et on l'appelle le métaphysicien du despotisme.

M. Barthélemy et les Pairs qui se sont rangés de son côté, ont été sommés bien des fois d'expliquer les motifs de cette alarmante innovation. Mais ils ont paru aussi peu disposés que Falstaff « à donner des raisons lorsqu'on voulait les y forcer (1). » A la fin ils ont spécifié un abus relatif aux patentes (2) qui, lorsqu'elles montent à *un certain prix*, confèrent le droit de voter à ceux qui font un commerce. On prétendait qu'on en avait abusé pour multiplier les votes. Cette accusation fut réfutée clairement et victorieusement. On releva aussi quelques abus dans les colléges électoraux, qui n'étaient pas toujours complets : on objecta que rarement les deux tiers des électeurs étaient présens, ce qui montrait, disait-on, qu'il

(1) Shakespeare.

(2) Ces patentes sont de la nature des *licences* accordées à des individus pour exercer une profession ou un commerce. Comme on paie pour les obtenir, elles constituent une espèce de taxe directe sur les classes commerçantes et industrieuses.

y avait quelque vice dans la loi. Mais on eut bientôt prouvé que cette objection ne pouvait s'appliquer qu'aux premières élections qui avaient eu lieu lorsque des électeurs, qui demeuraient loin du lieu des élections, n'étant pas suffisamment pénétrés de l'importance de leurs fonctions, s'étaient abstenus de s'y rendre, peut-être dans la persuasion qu'en restant tranquillement chez eux, ils ne faisaient aucun tort à leur pays.

Il est certain que, dans les dernières élections, on n'a pas aperçu cette apathie, et qu'au contraire il lui a succédé un zèle si ardent et si patriotique, que plusieurs électeurs malades dans les départemens se sont fait porter de très-loin en chaises à porteurs aux colléges; et plutôt que d'abdiquer leur part de la souveraineté, ils avaient exercé en bonnets de nuit leur droit de voter. A Paris, les colléges se sont trouvés remplis en proportion de ce que les élections étaient contestées. Ainsi, quand M. Ternaux, l'un des candidats pour Paris, porté malgré lui par les ministres, le préfet, les gens d'armes, les *écrivains publics*, etc., fut balotté avec M. Benjamin Constant, qui n'était porté que par les libéraux, plus de dix mille électeurs ont voté ; et c'est un nombre considérable pour Paris.

Si je voulois exprimer la consternation que la proposition de M. Barthélemy excita dans la capitale, on croirait que j'exagère. Une motion importante au parlement d'Angleterre éveille l'attention publique ; mais, dans ce pays assis sur son rocher, elle ne peut avoir qu'une influence indirecte, et peut-être éloignée, sur les intérêts individuels. Ici la liaison d'une grande question politique avec les intérêts de la vie privée est immédiate et peut tout renverser. Le jour qui suivit cette motion fatale, les fonds publics tombèrent tout-à-coup : l'on a appris ici à apprécier leur importance, mais personne pourtant ne s'y confie trop imprudemment, depuis qu'on les a vus souvent près de tomber à rien. Ils avaient déjà souffert de certaines négociations et spéculations qui eurent lieu au départ des alliés ; mais M. Barthélemy leur donnait le *coup de grâce*. La solidité du monde commercial fut ébranlée d'une manière effrayante, et la ruine de beaucoup de fortunes particulières s'ensuivit. Il faut dire aussi qu'à la vérité, en France; on est accoutumé à être ruiné. La révolution, reine de tous les revers de la terre, nous a donné de grandes leçons de philosophie-pratique relativement aux changemens de fortune. Ils sont supportés ici avec la même résignation que certaines déviations de la nature ou certains chocs des élémens, qui sont amenés par des causes physiques. Ces malheurs ont été trop généraux dans les différentes phases de notre histoire pour être ressentis comme humilians, ou même pour donner à ceux qui en sont frappés des titres à la compassion. Mais, pour revenir aux malheurs publics, la motion de M. Barthélemy obtint dans la Chambre des Pairs une majorité de plus de quarante voix. Ce ne fut pas tout: une mesure de finance de grande importance avait été adoptée à la Chambre des députés; elle fut envoyée à la Chambre des Pairs où elle fut rejetée, sans presqu'avoir obtenu les honneurs de la discussion.

Les pairs étant alors en train de rejeter, il était difficile de prévoir jusqu'où ils s'abandonneraient à ce plaisir. Ils pouvaient l'étendre jusqu'au budget; et les ministres, sans doute, sentaient bien qu'ils ne pouvaient pas plus se soutenir sans fonds que la nation sans droits. Le mal devenait pressant, il demandait un remède violent : cinquante-quatre nouveaux pairs furent nommés.

Cette mesure vigoureuse fut comparée à l'ordonnance du 5 septembre 1816, par laquelle la Chambre des députés fut dissoute. Ces deux ordonnances furent dirigées contre le même parti, qui en 1815 l'emportait dans la Chambre basse, et en 1819 dans la Chambre haute. Cet acte de l'autorité royale fut très-approuvée par tout le monde, excepté par la majorité des pairs. Ils virent trop tard qu'ils n'avaient fait, par leur imprudente tentative, que cimenter l'union du Roi et de la nation, et se séparer eux-mêmes du reste de la France : et ce qui était le plus cruel (car qu'y a-t-il de plus cruel que les humiliations de la vanité), les nouvelles nominations diminuaient leur importance personnelle, par un accroissement si considérable dans le corps de la pairie.

Ils jetèrent les hauts cris ; ils projetèrent des protestations ; mais il fut enfin reconnu avec douleur, que le Roi n'avait fait qu'exercer une prérogative incontestable de sa couronne. Les titres et les documens des nouveaux pairs furent apportés à la Chambre soumise, et il n'y eut plus qu'à inviter les nouveaux membres à s'asseoir.

XVI.

Continuation du même sujet. — Conclusion.

—

Parmi les pairs de nouvelle création, il y en avait plusieurs qui avaient été membres de cette Chambre en 1814, après la première entrée du Roi, et qui avaient conservé leurs places pendant la courte apparition de Bonaparte en 1815. Vous pouvez imaginer quel était le ressentiment des hommes du parti oligarchique, qui, ne voyent rien de légitime en France, hors d'eux-mêmes, d'être obligés d'admettre dans leur corps des hommes dont la plus grande partie n'avaient jamais été inscrits jusque-là dans aucun nobiliaire. Les noms de plusieurs de ces nouveaux pairs, qui étaient maréchaux de France, étaient connus, à la vérité, mais ce n'était que dans l'histoire moderne : et Bonaparte avait imaginé un moyen de leur dérober leurs droits à la célébrité, en les enveloppant dans des titres pompeux. Il se trouvait alors qu'il leur avait fait un présent utile, puisque les services du général étaient pardonnés en faveur de la dignité du duc. Cependant il n'en fut pas toujours ainsi, et un ancien noble ayant demandé d'un air dédaigneux, à un nouveau pair, combien lui coûtait son habit? celui-ci répondit sèchement : quarante batailles; et il tourna le dos à son interlocuteur.

M. Barthélemy ayant rencontré dernièrement un des nouveaux pairs dans la première salle d'un palais, le voulait laisser passer devant lui : *Non, M. le marquis*, dit le nouveau pair, en se rangeant, *je sais trop ce que je vous dois.*

La motion de M. Barthélemy fut alors discutée dans la Chambre des députés. Les pairs prévoyaient bien son sort, et déploraient qu'il en eût été question. Ceux qui l'avaient inventée rougissaient de leur invention. La motion fut traitée comme tout ce qui tombe dans l'adversité, et que tout le monde abandonne.

M. Lafitte, zélé défenseur de la constitution, avait proposé à la Chambre des députés de présenter une adresse au Roi, pour prier S. M. de ne rien changer dans la loi des élections. Les ministres s'étaient opposés à cette mesure, préférant que la proposition fût transmise par les pairs aux députés, et rejetée par cette Chambre.

Toute la France attendait avec inquiétude l'issue de cette grande discussion. De toute part on envoyait à la Chambre des pétitions contre la motion; elles servaient à montrer quels étaient les sentimens dans le public. Elles furent très-mal reçues par les *ultra* : ils ont une aversion particulière pour le droit de pétition, qui fait de la plainte un privilége, et du redressement un devoir.

Les débats sur cette motion furent soutenus dans la Chambre des députés avec une habileté proportionnée à son importance. M. de Villèle, le coryphée du côté droit, pour donner un poids de plus à ses argumens en faveur de cette motion, fit une observation imprudente : c'était que, dans un département, il s'était trouvé, en 1818, six cents électeurs de plus qu'on

1815, et que la cause de cette différence ne pouvait se trouver que dans quelque vice de la loi. M. de Villèle touchait une corde qui rendit un son malheureux.

M. de Saint-Aulaire, membre du département du Gard, se leva, et déclara que c'était de son département qu'il était question, et qu'il était prêt à expliquer à la Chambre la cause de cette augmentation de votans. « Toute la France, dit il, a su qu'il y a eu, en 1818, plus d'électeurs qu'en 1815; mais toute la France ne sait peut-être pas qu'en 1815 treize Protestans furent massacrés en allant au collége électoral. » A ces mots, une vive émotion se manifesta dans l'assemblée : un sentiment général d'horreur fit pâlir tous les visages, en cet instant le voile fut levé, et toute la France vit ce que ce voile avait couvert dans ce département « encore humide de sang, » pour me servir des expressions de M. Martin de Gray. M. de Serres, le *garde-des-sceaux*, confirma le témoignage de M. de Saint-Aulaire. Il déroula la liste des crimes que la fureur des vengeances politiques avait produits; il déclara que les assassins des Protestans et du général Lagarde avaient échappé à leur punition par l'influence d'un parti qui n'avait épargné aucun effort pour dérober jusqu'aux assassins de Rhodez au glaive de la loi. Le discours de M. de Serres était admirable par l'éloquence qu'il y avait déployée, et non moins remarquable pour sa noble franchise et sa sincérité, vertus toutes nouvelles dans un ministre. Il produisit l'effet le plus puissant sur la Chambre, dont toute la France a répété les honorables acclamations. M. de Serres portera un nom glorieux dans les annales de 1819.

La motion de M. Bartéhlemy fut rejetée par une majorité considérable dans la Chambre des députés, et de nouvelles espérances se ranimèrent dans la nation. En même temps, les descendans de ces seigneurs féodaux, qui dans les temps passés ont aspiré à subjuguer à-la-fois les rois et les peuples, peuvent avoir reconnu que, s'ils sont héritiers des mêmes prétentions, ils sont loin d'être armés des mêmes pouvoirs.

Si ma plume a fidèlement servi mes intentions, l'esquisse que je vous ai tracée de la situation actuelle de la France, vous aura fait conclure que ses souffrances prolongées ont été pour elle des leçons de sagesse. Après avoir erré avec tant de fatigues, elle a trouvé enfin le sentier de la liberté, et elle le suivra sans cesse. Qu'il lui soit permis désormais de poursuivre sa carrière sans obstacles, sans interférence ni influence de l'étranger. Quelques politiques de l'Europe peuvent bien prévoir pour la France, dans les avantages d'un gouvernement représentatif, plus de prospérité qu'ils ne voudraient; d'autres peuvent souhaiter, pour des raisons d'État, qu'elle retombe de nouveau sous le joug de l'ancien despotisme, ou qu'elle subisse une autre irruption impériale; mais pendant ce temps le fleuve de la liberté suivra son cours malgré les pierres qu'on peut jeter pour obstruer son passage. Les *ultra* de toute la terre, quelqu'alliance qu'ils puissent former entre eux, n'empêcheront pas la France d'être libre. Elle prend aujourd'hui sa place dans les gouvernemens constitutionnels, pleine de souvenirs, et riche en espérances. Elle possède, dans l'expérience de ses calamités passées, un antidote contre toutes les espèces de despotisme, et les leçons qu'elle a reçues ne seront pas perdues pour elle, dont les perceptions sont si vives. Il est aisé sans doute de reprocher aux Français les crimes de leur révolution;

mais qui oserait fixer des limites aux excès dans lesquels une nation peut être poussée, quand elle sort d'un état d'esclavage aussi ancien que son origine, et qu'elle est stimulée contre l'oppression par une haîne traditionnelle, accumulée pendant des siècles ; lorsqu'elle sent pour la première fois le feu nouveau de l'indépendance pénétrer dans toutes ses veines ? Combien il était difficile pour une nation, dans de telles circonstances, en de tels momens, de ne pas s'égarer, et de ne pas commettre des erreurs fatales ; de ne pas prendre quelquefois l'anarchie pour la liberté, et les conquêtes pour la gloire !

A présent, un gouvernement représentatif se développe en France; bientôt il aura acquis toute sa croissance et sa vigueur. Le 20 mars, cette épisode terrible de l'histoire de France, qui a coûté tant de sang et de trésors, a eu de grands et d'utiles résultats. Il a assuré à jamais la chute de la tyrannie impériale, et il a montré à la France, en 1815, à quelle distance l'un de l'autre le parti aristocratique aurait entraîné le roi et le peuple, s'ils ne s'étaient pas réunis pour résister.

La nation, sortie triomphante de ce combat, sent la confiance dans la stabilité de ses nouvelles institutions, qui tirent une nouvelle force de cette confiance. Tous les yeux sont fixés sur la Charte. Les Français savent qu'il n'y a de chance de sécurité que dans ce pacte inviolable, ce bill des droits si chèrement acheté et si sacré. Ils chériront désormais la liberté avec modération et sagesse, et effaceront ainsi l'exemple redoutable de leur turbulente révolution.

Le bonheur qu'un sage de l'antiquité a promis aux nations dont les rois seraient philosophes, et où les philosophes seraient rois, semble être réservé à la France. L'esprit éclairé du souverain semble être en harmonie avec les droits de la nation, et son autorité royale la protège contre toute atteinte à la liberté constitutionnelle.

Il survit pourtant encore, dans le sein de cette nation, deux pouvoirs hostiles : l'aristocratie et le fanatisme. Le premier, qui vient de recevoir un rude coup, en est presque terrassé, le second relève encore la tête. Le concordat, les prêtres anti-constitutionnels, les jésuites, et sur-tout les missionnaires, avec leurs pélérinages vagabonds, produisent un effet d'autant plus déplorable qu'ils semblent appuyés d'une protection secrète. Il n'y a pourtant pas de domination que la France soit moins disposée à souffrir, que celle des prêtres : sur ce point, l'opinion publique est fixe et inflexible. Les Français souhaitent de voir le clergé se renfermer dans ses temples, uniquement occupé du soin d'inspirer aux fidèles les purs et pieux sentimens de ceux dont « le royaume n'est pas de ce monde. » La nation demande que la religion soit morale, et les prêtres citoyens.

Sur-tout, nous devons regarder comme certain que les espérances de la France, de posséder une constitution libre, seront remplies. Le reproche fait aux Français de n'être pas susceptible de la liberté est une calomnie. Il n'y a pas d'être humain qui puisse ne pas aspirer à la dignité d'homme libre. La liberté est, comme un sens moral, attribut de notre espèce ; elle est la source de tout ce qui est grand ou noble dans notre nature : partout où l'homme existe, il faut qu'il la trouve ; et celui qui est indigne de sentir ses bienfaits a abdiqué son rang dans la création.

LETTRE SUPPLÉMENTAIRE.

Défense des Protestans français.

Depuis les dernières lettres que je vous ai écrites, j'ai sú de bonne part qu'on avait fait circuler des rapports très-injurieux pour les Protestans français, et même, que quelques voyageurs anglais en avaient publié à leur retour chez eux. On m'a dit que le nom du révérend M. Raffles devait être placé à la tête de la liste. Soit que cette prééminence soit due à l'habileté ou à l'amertume de ses invectives, c'est ce que je ne saurais décider, n'ayant pas été à portée de lire moi-même ces productions.

Les étranges méprises et les fictions fantastiques sur la France, que quelques voyageurs ont publiées, ne peuvent que faire rire.

Leurs rêveries sur les sociétés et les mœurs des Français, leurs récits exagérés de ce qui regarde les places et les personnes, ont un air de fantaisie et de roman, dont la hardiesse jette des doutes sur la vérité, mais où l'erreur ne tire à aucune conséquence sérieuse. Les récits erronés sur l'état du protestantisme en France portent dans l'âme des impressions bien différentes. Dans un sujet si sacré, si touchant pour le cœur, l'erreur prend le caractère de la calomnie, et d'une calomnie d'autant plus odieuse, qu'elle vient à l'appui de l'oppression.

On m'a dit que le révérend M. Raffles, dans un voyage de Paris à Genève, avait accusé les Protestans français par ses observations sur eux. Il y a deux routes qui conduisent de l'une de ces deux villes à l'autre. Dans celle du nord, nous ne trouvons d'Eglise protestante que celle de Besançon. Cette église n'est ni nombreuse, ni riche, mais elle se distingue par sa piété et son zèle. Elle contribue avec joie et empressement à l'entretien d'un ministre, et elle vient d'établir à ses frais une école d'instruction mutuelle.

Dans la route méridionale de Paris à Genève, la seule Eglise protestante que trouve le voyageur est celle de Lyon. Elle a deux ministres et une école d'instruction mutuelle. Les protestans de Lyon, placés hors des limites de la persécution du midi, ont accueilli avec une généreuse hospitalité beaucoup de leurs frères malheureux qui fuyaient les poignards, sans ressources, sans asiles, et ne sachant « où reposer leurs têtes. »

Sur la route du Midi, en faisant un petit détour, l'église protestante de Ferney se trouve à trente lieues de distance de l'autre. Il semble qu'il y ait une espèce d'atmosphère de tolérance autour de Ferney : et Voltaire apparaît dans son plus noble point de vue, au lieu où sa plume magique défendit une victime protestante et traîna ses persécuteurs au grand jour.

Par le dernier traité avec les puissances alliées, Ferney a perdu une partie de son territoire, qui a été cédée à la Suisse. Il a perdu en même temps son pasteur, dont la résidence était dans la partie du domaine dont la Suisse a pris possession. Quoique sans ministre, les habitans de Ferney continuent toujours de s'assembler tous les dimanches pour l'office divin, qui est célébré par un des anciens. Quand ils ont un enfant à baptiser, de leur rite ou de toute autre croyance religieuse, ils envoyent à Genève prier un ministre de venir administrer le baptême. A la fin, le gouvernement français s'est rendu à leurs pressantes sollicitations, et il leur a accordé un ministre, par une ordonnance en date du 18 mai dernier. Quand nous suivons les pas du révérend M. Raffles dans son voyage, nous sommes embarrassés pour deviner quels crimes des protestans il a pu découvrir en courant la poste.

Infortunés Protestans de France ! pourquoi ces voyageurs, dans leurs recherches, n'ont-ils pas tourné les roues de leur char plus au sud? Ils auraient vu les traces de votre sang partout sous leurs pas, et en passant devant vos habitations désolées ils auraient entendu les cris de désespoir de vos veuves et de vos orphelins. Jusqu'à présent l'espoir que vos calamités excitaient la compassion des Anglais, a un peu soulagé votre douleur. Comme Français, vous refusiez leur intervention; mais vous étiez flattés de leur approbation ; et c'est de leur nation que sortent vos accusateurs ! Au moment où la palme du martyr ceint votre front ; car un mot, un signe de renonciation à votre foi, eût retenu les poignards de vos assassins ; mais il ne s'est pas trouvé un seul apostat dans vos rangs, la terreur de la mort ne vous a pas détourné de rendre témoignage à la vérité. Oh ! si ceux qui rendent grâces au ciel « de n'être pas comme les autres hommes, » étaient appelés aux mêmes épreuves que les protestans de France ont soutenues, quel est celui d'entre eux qui oserait se vanter d'assez de courage pour imiter l'exemple qu'ils ont donné ?

Tandis qu'en passant, le voyageur étranger ne voit dans la conduite des Protestans que de l'indifférence pour les choses sacrées, combien de preuves ne peut-on pas produire de l'accroissement de leur ferveur et de leur piété ? Jamais, depuis que les églises protestantes sont ouvertes, l'office public n'a été aussi régulièrement suivi à Paris que dans cette période, et il est remarquable que pendant que les fardeaux multipliés ont tant pesé sur ce pays, les dons pour les pauvres ont augmenté.

Si nous tournons nos regards vers les provinces, nous voyons dans toutes les grandes villes de France les églises protestantes libéralement entretenues; et dans bien des petites villes ou villages, qui jusqu'aujourd'hui n'ont pas de lieu public pour le culte, des églises sont bâties par des souscriptions particulières. A Landouzy, au département de l'Aisne, les Protestans ont élevé une nouvelle église en 1818, et ils avaient un tel désir de voir cet édifice achevé, qu'a Pâques ils se sont tous réunis spontanément pour prendre part au travail, en aidant à transporter les matériaux au lieu désigné pour la construction. Peu de mois après, la dédicace solennelle de l'église s'est faite au milieu d'une foule d'autant de Catholiques que de Protestans, et une fête générale a suivi la cérémonie. A Orthès, le même zèle a brillé dans la construction d'une des plus belles églises de France, qui peut contenir deux mille personnes. A Baight, village dans le voisinage d'Orthès, un particulier riche a payé seul les deux tiers des frais de construction d'un temple. On bâtit à-la-fois trois nouvelles églises dans le département du Gard, où les Protestans ont été si persécutés. A Uzès, ville d'environ quatre mille habitans, dont deux mille sont Protestans; Uzès, théâtre de tant d'horreurs qui n'échapperont pas à l'histoire, plus de mille Protestans ont reçu la communion à Pâques, en 1818. Dans le petit village de Osse, qui n'est qu'à six lieues de l'Espagne et de l'inquisition, nous trouvons une congrégation de Protestans, presque toute composée de bergers, qui passent six mois de l'année dans les neiges des Pyrénées: ce village pastoral reçoit tous les ans une visite du ministre du consistoire le plus voisin, qui est à quinze lieues, et ils attendent toujours cette visite avec empressement. Leur temple rustique a été abattu à la révocation de l'édit de Nantes: en 1805, ils en ont bâti un autre de leurs propres mains, et un des anciens y fait l'office public tous les dimanches. Actuellement, ils sollicitent pour avoir un pasteur, et probablement ils l'obtiendront.

A Avignon, ville si long-temps sous la domination du Pape, qui peut-être s'en croit encore le souverain, nous avons trouvé une congrégation protestante. Si jamais Avignon était rendue au Pape, sans doute S. S. serait surprise de voir qu'un rejeton si hérétique, qu'une église protestante, a poussé pendant l'interrègne de son autorité.

La visite qu'un ministre fait aux petites congrégations du midi, aux environs des églises du consistoire, est toujours reçue avec une joie universelle. Le ministre descend à la maison d'un des principaux paysans, et après le service divin toute la congrégation est invitée à une fête donnée par le principal propriétaire de l'endroit : le veau gras est tué, et la table est chargée de ce que la ferme produit de meilleur. Dans ces occasions, les paysans viennent quelquefois de dix lieues ; ils parcourent, sous un soleil brûlant, toutes les sinuosités des bords du Tarn et de la Garonne, pour se joindre à ce qu'ils appellent dans leur patois la *societat* ; dans beaucoup de ces villages, il y a depuis peu, tous les soirs, des assemblées religieuses. Là, on lit l'écriture et on chante des psaumes, au lieu des histoires de revenans et des chansons en patois par lesquelles on avait coutume d'accourcir les heures de la veillée pendant l'hiver. A Milhau, dans le département de l'Hérault, un de mes amis a été surpris dernièrement, en allant revoir son pays natal, de trouver les habitans occupés à chanter des hymnes. On publie à présent à Paris un journal périodique religieux, intitulé : *Les Archives du Christianisme*. Les paysans du midi s'assemblent souvent pour entendre la lecture des vérités de l'Evangile contenues dans ce journal ; et les écoles d'instruction mutuelle ont donné une impulsion si générale à la lecture, que bientôt il sera rare de trouver des gens qui ne sachent pas lire. L'établissement de la Société biblique de Paris a été suivie d'autres établissemens semblables à Bordeaux, à Nantes, à Montpellier, à Nîmes, et autres grandes villes ; et l'Ecriture-Sainte circule maintenant au loin. Une nouvelle Faculté de théologie est sur le point de se former à Strasbourg.

Les faits que j'ai rapportés doivent bien, je l'espère, apaiser ce feu d'indignation qui dévore des voyageurs : ils sont allés épier la nudité du sol ; mais sans doute que, dans un véritable esprit de christianisme, ils se réjouiront d'y trouver moins de péchés qu'ils ne l'avaient imaginé. Cependant il me reste à repousser un autre reproche fait aux Protestans français. Ils sont accusés de profaner le saint jour du dimanche. Il y a peut-être trop peu de philosophie à ne pas masquer une distinction entre une violation volontaire d'un devoir, et des pratiques qu'on voit se lier, comme elles le sont en effet, avec la géographie d'un pays, et dépendent, en quelque sorte, du caractère naturel et des dispositions de ses habitans; des pratiques dans lesquelles, s'il y a du mal, en vérité, il n'y a pas d'intention d'en faire. La coutume générale dans toute la France est de célébrer le dimanche comme un jour non de réclusion rigide, mais de liberté et de joie; et ces Protestans sont Français. Quand les devoirs religieux ont rempli la matinée, le soir est donné aux amusemens. Pour moi, qui ai été élevée dans toute la sévérité des principes dissidens, toutes les impressions de mon enfance, tous les souvenirs de mes premières années, me portent à respecter la stricte observance du sabbat. Je chéris le calme solennel de ce jour de repos; mais combien de Protestans de ma connaissance ne sont pas épouvantés du son d'un violon ou d'une harpe dans ce jour ! combien même, sans avoir jamais omis un devoir important, sont persuadés qu'il y a moins de mal dans une danse sur le gazon, que dans une inactive paresse, qu'on appelle proverbialement la mère du vice ! Ah ! sans doute, dans la balance du bien et du mal, où toutes les actions des hommes seront un jour pesées, les Protestans français pourront, si le sacrilége de leurs danses pèse d'un côté, mettre de l'autre leurs souffrances, leur résignation et leur dévoûment. Qui peut dire si l'ange qui inscrira leur infraction des lois du dimanche, n'aura pas « laissé couler une larme sur ce mot ! (1) »

La tranquillité des Protestans du midi a été troublée dernièrement pendant quelques jours. Les nouvelles de la trop fameuse motion contre la loi des élections n'eurent pas plutôt été portées à Nîmes, que le parti des *ultra* saisit un prétexte pour de nouveaux mouvemens. Un acteur de la capitale parut sur le théâtre de Nîmes, et la foule fut extraordinaire. La représentation fut interrompue fréquemment par des cris tumultueux et répétés, et des menaces

(1) Sterne.

contre les Protestans ; ceux-ci furent assaillis en retournant chez eux, par des hommes armés de piques, à la tête desquels était, entre autres meneurs, le misérable Très-Tallion encore altéré du sang des Protestans.

Le préfet du Gard était alors à Paris, et le préfet *ad interim*, ainsi que le maire, agirent avec cette faiblesse qui ne manque jamais d'encourager le crime qu'il s'agit de réprimer. Pendant plusieurs soirées de suite, aux boulevarts de Nîmes, il y eut des attroupemens de milliers de personnes. On voyait, d'un côté, un grand nombre des gardes nationaux congédiés en 1815, et qui comptent encore parmi eux beaucoup de chefs de cette période désastreuse. De l'autre côté du boulevart, s'étaient rangés les Protestans, déterminés cette fois à ne pas se laisser massacrer sans résistance. Ils avaient souffert assez ; ils avaient assez enduré de persécutions en 1815, sans avoir appelé à leur aide la population protestante des montagnes voisines des Cévennes, race vaillante et hardie, qui conserve encore son antique courage et la tradition de ses succès dans la résistance au grand monarque. Mais un appel aux Cévennes, dans ce temps où les armées alliées occupaient la France, pouvait amener des scènes fatales de dévastation intérieure et étrangère. La situation du pays venait de changer : l'intérêt de la patrie n'interdisait plus aux Protestans la défense de leur vie. Ils étaient préparés, et les habitans des Cévennes sous les armes. Ceux-ci envoyèrent des émissaires à Nîmes pour obtenir des informations exactes sur ce qui se passait. Ils trouvèrent les deux partis en présence : un de ces messagers s'avança hardiment dans cette partie du boulevart, où Très-Tallion et sa bande étaient assemblés, et où l'on poussait des cris d'imprécation contre les Protestans. Une foule l'entoura bientôt ; mais lui, sans montrer la moindre crainte, déclara que si les lois ne protégeaient pas les Protestans, ils trouveraient d'autres protecteurs ; que s'il coulait une goutte de sang des Protestans, c'en était fait des Catholiques de Nîmes ; que les « montagnes » pour user de son langage figuré « descendraient, » et qu'il les avertissait d'y prendre garde.

Heureusement les paysans des Cévennes ne furent pas dans le cas d'exécuter ces menaces. Il arriva des troupes de Montpellier : le préfet se hâta de revenir de Paris : Très-Tallion s'enfuit du département ; la Charte triompha dans la Chambre des députés, et les Protestans se virent en sûreté à Nîmes.

Qu'il me soit permis de répéter, en finissant, que ce seroit une injustice d'entretenir le moindre doute sur le dévoûment des Protestans de France à leurs devoirs religieux, ni sur leur ferme attachement à leur foi, que la persécution ne leur a rendue que plus chère. Je puis ajouter : que quelque opinion qu'on ait voulu donner, en Angleterre, des Français protestans, ils jouissent en France d'un respect général. Indépendamment de ce respect philosophique que tout le monde a pour une croyance fondée sur l'examen, d'autres sentimens puissans concourront en France à concilier de la faveur aux Protestans dans l'opinion publique. Tant que les Protestans ont été persécutés, les Français ont été esclaves : le despotisme et l'intolérance ont toujours occupé les mêmes passages de l'histoire de France. Quand la nation a terminé cette réformation politique, appelée la révolution, la liberté des Protestans a trouvé sa place dans le Code de la liberté publique : il n'y a pas de catholique libéral qui ne sente que la liberté du culte est une partie de la liberté française, qui appartient à tous ; et que toutes les fois que les droits des Protestans sont méconnus, tous les autres droits sont ébranlés dans leurs fondemens. La France a reçu cette partie malheureuse de ses enfans dans son sein ; elle éprouve une sollicitude pour ces nouveaux venus, qu'elle a accueillis, et elle désire effacer la tache de leur longue persécution ; enfin, elle sait que la liberté nationale et celle des Protestans ont une origine commune ; qu'elles sont les gardiens naturels l'une de l'autre, et que leur sort est de périr ou de vivre ensemble.

FIN.

TABLE.

Fin de la Table.

IMPRIMERIE DE P. GUEFFIER.

www.ingramcontent.com/pod-product-compliance
Ingram Content Group UK Ltd.
Pitfield, Milton Keynes, MK11 3LW, UK
UKHW020142220726
13923UKWH00001B/321